W0060392

Erika Casparek-Türkkan
Petra Casparek

Merry Christmas

Wie Weihnachten in
aller Welt gefeiert wird

BASTEI
LÜBBE

BASTEI-LÜBBE-TASCHENBUCH
Band 12771

1.+2. Auflage November 1997

Originalausgabe
Copyright © 1997 by Bastei Verlag Gustav H. Lübbe GmbH & Co.,
Bergisch Gladbach
Printed in Germany
Einbandgestaltung: Dieter Ziegenfeuter
Satz, Druck und Bindung: Ebner Ulm
ISBN 3-404-12771-4

Inhalt

Vorwort

Kaum hat sich der Sommer verabschiedet und färben sich die Blätter der Bäume bunt, da präsentieren viele Supermärkte bereits die ersten Lebkuchen und Weihnachtsstollen. Und auch die Schokoladen-Nikoläuse lassen nicht mehr lange auf sich warten. Von Kinderhänden respektlos entkleidet und verputzt, so, als handele es sich eben nur um Schokolade, haben viele der »heiligen Männer« kaum eine Chance, ihren Ehrentag am 6. Dezember zu erleben. Weihnachten – ist dieses Fest tatsächlich für Kinder und Erwachsene nur noch ein Konsum-Ereignis, dem der Sinn verlorenging? Bestimmt nicht, viele müssen nur erst daran erinnert werden, welche Freude es machen kann, Weihnachten wieder oder neu zu entdecken. Dazu soll dieses Buch beitragen. Es läßt die alten Sitten aufleben, macht mit Bräuchen bekannt und führt zu Zielen, die uns der Kultur des Festes näherbringen. Wie ein unsichtbares Band verbindet es die christlichen Länder rund um den Erdball miteinander.

Werfen wir einen Blick über die Grenzen, zu den Weihnachtsvorbereitungen unserer Nachbarn. Dort entdecken wir Gemeinsames und viel Neues. Lesen Sie, wie originell man Weihnachten im Norden feiert, wie fröhlich am Mittelmeer. Starten Sie zu einem Weihnachtsausflug nach New York oder in die Karibik, wo mit Gospelgesängen und farbenfrohen Umzügen zum Rumba-Rhythmus das Fest seinen Höhepunkt findet. Geheimnisvoll sind die Bräuche im alten und neuen Mexiko oder auch in den Anden. Auf dem fernen Erdteil Australien besitzt Weihnachten vertraute, jedoch auch ganz eigenwillige Züge. Denn dort herrscht gerade Hochsommer. Wie in Australien dennoch Weihnachtsstimmung aufkommt, verrät das letzte Kapitel.

So hält dieses Buch eine Menge echter weihnachtlicher Überraschungen bereit sowie eine Fülle von Anregungen und Tips, damit die Spanne von Sankt Martin bis zum Dreikönigstag zu einer besinnlichen, vergnüglichen und abwechslungsreichen Erlebnisreise durch die Weihnachtszeit werden kann. Außerdem gibt es darüber hinaus Vorschläge für Ausflüge in der Vorweihnachtszeit und an den Festtagen. Es lädt ein zu den berühmten Weihnachtsmärkten und macht auf Museen aufmerksam, die noch den ganzen Zauber des Festes vermitteln.

Vielleicht regt dieses Buch auch dazu an, sich weniger in den Geschenkestreß zu stürzen und statt dessen die Lieben zu Hause, Freunde und Nachbarn einmal zu einem ganz besonderen Weihnachtsessen einzuladen. Dann können alle probieren, was von Island bis in die Karibik und Australien an leckeren Sachen aufgetischt wird. Statt der alljährlichen Gans wird es dann vielleicht einmal einen finnischen Weihnachtsschinken geben oder ein Weihnachtsessen wie in Spanien. Mit

9

den Rezepten in diesem Buch fällt es nicht schwer, ein Essen ganz international auszurichten. Und zum Abschluß können dann alle vom süßen Ethno-Weihnachtsteller mit Gebäck aus aller Welt naschen, mit Plätzchen aus England oder Italien, aus Dänemark und Polen, aus Österreich und der Schweiz oder aus dem fernen Brasilien, deren Rezepte dieses Buch verrät.

So bleibt nur noch, eine schöne und vergnügliche Weihnachtszeit zu wünschen, erholsam, voller Überraschungen und bleibender Erinnerungen.

Zwischen Alpen und Ostsee:

Geschichten,
Bräuche und Feste

Der November mit seinen immer kürzer werdenden Tagen, geheimnisvollen Nebelnächten und den letzten Blättern von den Bäumen, die der Wind vor sich hertreibt, macht uns bewußt, wie schnell das Jahr zu Ende geht. Doch davor erwarten uns noch einige Höhepunkte mit einem stimmungsvollen und turbulenten Ereignis als Auftakt.

Sankt Martin und der Elfte im Elften

Nicht nur die Weihnachtszeit des Kirchenjahres beginnt am 11. November mit dem St.-Martins-Tag, sondern auch die Karnevalszeit mit dem Elften im Elften. Zufall? Keineswegs! Obwohl es scheint, als hätten beide Termine kaum etwas miteinander zu tun, besteht zwischen der stillen, besinnlichen und der jecken Zeit doch ein enger Zusammenhang.

Martinus, der spätere heilige Martin, wurde um 317 in der Provinz Pannonien, im heutigen Ungarn, als Sohn eines römischen Rittmeisters geboren. Als sein Geburtsort gilt der Ort Szombathely. Bereits als Achtzehnjähriger bekannte er sich zum Christentum und diente unter dem späteren Kaiser Julianus als Soldat in Gallien. Als er in seine Heimat zurückkehrte, wurde er verfolgt und aus Pannonien vertrieben. Daraufhin lebte er fünf Jahre als Einsiedler, ehe er um 360 in Ligugé bei Poitiers in Frankreich das erste Mönchskloster des Abendlandes gründete. Gegen 371 ernannte man Martinus zum Bischof von Tours. Er wurde weithin berühmt durch seine Menschenfreundlichkeit und Wunderkraft.

Die Legende erzählt, daß er einst seinen Mantel mit dem Schwert in zwei Stücke teilte und die eine Hälfte einem Bettler gab. So wurde Sankt Martin zum Schutzpatron der Armen, daneben auch zum Beschützer der Reiter, der Soldaten, der Hirten und ihres Viehs, der Weinernte und der Zecher. Der heilige Martin starb am 8. November 397 in Candes und wurde am 11. November beerdigt.

An seinem Begräbnistag begann früher das vierzigtägige Martins- oder Weihnachtsfasten. In der russisch-orthodoxen Kirche hat sich der Brauch bis heute erhalten. Noch viel früher, in vorchristlicher Zeit, feierten die Römer ungefähr an diesem Datum ihren Erntedank und das Fest des neuen Weines. In manchen Weinregionen ist das noch heute so. Dann stoßen die Winzer mit dem Martinstrunk oder Märteswein auf das nächste Weinjahr an. Bei den alten Germanen stand ein großes, dem Gott Wotan geweihtes Herbstdankfest auf dem Programm. Da kann man sich noch heute gut vorstellen, wie turbulent und feuchtfröhlich es sowohl im alten Rom als auch bei unseren Vorfahren zugegangen sein muß. So verschmolzen heidnische und christliche Bräuche am Elften im Elften miteinander. Und wenn um 11 Uhr 11 im Rheinland der

Karnevalsbeginn gefeiert wird, der Elferrat amtiert, so ist dafür weniger die originelle Zahl verantwortlich als vielmehr Sankt Martin oder Wotan, doch wahrscheinlich sind es beide zusammen mit der Tatsache, daß vor dem Weihnachtsfasten noch einmal so richtig auf die Pauke gehauen werden mußte. Denn während der folgenden Fastenzeit hatte auch der Karneval Pause, und das änderte sich bis heute nicht.

Lichterumzug und Martinsgans

Vor dem Martinsfest basteln die Kinder in vielen Kindergärten und Grundschulen eifrig an ihren Laternen für den großen Umzug am Martinstag. Besonders originell und nach altem Brauch: ausgehöhlte Kürbisse oder Runkelrüben mit einem ausgeschnittenen Gesicht, das von einer Kerze im Innern in eine Geisterfratze verwandelt wird. Vor allem im Rheinland, in Köln und in Düsseldorf, versammeln sich am Martinsabend auf den Schulhöfen der Stadtviertel Kinder und ihre Lehrer. Mit Sankt Martin in der Kleidung eines römischen Soldaten, hoch zu Roß und mit Schwert und wehendem Mantel an der Spitze, zieht die Prozession durch die Straßen. Den Takt für die Martinslieder gibt die Blaskapelle der Feuerwehr oder Schützenbruderschaft an. Mit einem großen Martinsfeuer und der Verlosung von Martinsgänsen klingt das malerische offizielle Ereignis aus. Für die Kinder beginnt jetzt der spannendste Teil des Abends: das Betteln von Haus zu Haus, das auf der uralten Tradition der Heischegänge

15

beruht. »Hier wohnt ein reicher Mann, der uns was geben kann« wird gesungen, Bonbons und Plätzchen, Schokoladentaler und Äpfel werden damit eingeheimst und zu Hause voller Stolz ausgebreitet.

Im Badischen gibt es nach dem Laternenumzug für die Kinder eine Brezel von Sankt Martin, der hier auf einem Schimmel daherkommt. In Westfalen wurde im Haus früher für die Kinder ein Korb mit Äpfeln und Nüssen bereitgestellt. In Pommern setzte der Vater einen Korb mit Rüben auf den Tisch der guten Stube. In einigen steckten kleine Geldstücke, und diese Rüben versuchten die Kinder mit verbundenen Augen und angespitzten Stecken herauszuholen.

Doch wie kommen Gans und Martinstag zusammen? Dieses Federvieh mußte schon immer an Martini daran glauben, auch deshalb, weil es um diese Zeit ein gutes Mittelgewicht erreicht hat. Die größten Mastgänse durften noch bis zum Weihnachtsschmaus warten. Martini galt im bäuerlichen Wirtschaftsjahr als Abrechnungs-, Pacht- und Zinstermin und als Ablieferungstag der Naturalien an Pachtherren und honorige Persönlichkeiten wie Bürgermeister, Pfarrer und Lehrer. In manchen protestantischen Gegenden wurde zu Ehren von Martin Luther an dessen Namenstag ein Gänseessen veranstaltet.

Mit einer Predigt an seine liebe Gemeinde ehrte 1770 der Prämonstratenser Seiter in Markchtal nicht nur den Gänsebraten zu Martini, sondern auch die Gans als solche. Zum Schluß der Festpredigt verkündete er: »Dieweil jeder heut ißt seine Gans, bleibt aber selber eine, wenn er jetzt nicht weiß, wieviel sich von einer Gans lernen läßt! Und nun sei der Friede des Herrn mit Euch, und so auch mit Euerer Martinsgans. Gedenket nicht bloß des Bratens und süßen Mostens, sondern vor allen Dingen der Tugenden der Gänse, schämt Euch, von Gänsen Euch übertreffen zu lassen, ahmt ihnen nach, und dazu sage ich Amen.« Ganslsonntag heißt in Süddeutschland der Sonntag, der mit dem Martinstag zusammenfällt, oder der Sonntag danach. Dann brutzelt noch heute bei vielen Familien oder in Gasthöfen eine leckere Gans im Backrohr, gefüllt mit Äpfeln und Zwiebeln (s. Rezept Seite 18f.).

Doch nicht jeder besaß das Recht, eine Gans im Hof oder Stall zu haben. Noch bis ins vorige Jahrhundert war in Sachsen das Halten von Gänsen und anderen Haustieren in vielen Dörfern reglementiert. Nur drei Gänse durften auf einem Bauernhof sein. Ein Gänserich war nur dann gestattet, wenn es im Ort einen eigenen Gänsehirten oder eine Gänsehirtin gab.

In kargen Gegenden, wo die Tagelöhner knapp ihr Auskommen hatten, wie zwischen Eifel und Westerwald, ersetzte der Dippedotz oder Döppelkooche, ein herzhaft gewürzter Kartoffelkuchen, die unerschwingliche Gans.

Übrigens schlug zu Martini nicht nur für Gänse das letzte Stündlein. Der 11. November war und ist noch heute in vielen Gegenden der Beginn der Schweine-Schlachtfeste mit dem Schlachtschmaus: Blut- und Leberwürste, Siedfleisch und gekochter Speck. Diese bilden auch die nahrhafte Grundlage üppiger Schlachtplatten und anderer regionaler Spezialitäten, die um die Zeit der Schlachtfeste in Dorfgasthäusern, vor allem in der Pfalz, in Franken, Bayern und Schwaben, anboten werden. »Um die Wurst« singen in diesen Gegenden dann manchmal noch von Haus zu Haus ziehende Kinder so lange, bis ihnen das Gewünschte spendiert wird.

Außer diesen Martins-Schmankerln gab es früher in vielen Orten noch den Martinsmarkt und die Martinskirmes, auf denen nicht nur Ernteerzeugnisse und Leckereien angeboten wurden, sondern auch Hausrat und Geschirr, Nützliches für den Alltag. Der Martinstag war für Knechte und Mägde auch Zahltag, und nicht selten wurde mit dem Erworbenem vom Martinsmarkt ein neuer Hausstand gegründet. Einige Märkte aus früherer Zeit haben sich bis heute erhalten und finden in den Marktgemeinden vor allem in Süddeutschland an einem offenen Sonntag zu unterschiedlichen Terminen statt, denn die Markthändler ziehen von Ort zu Ort.

Tradition besitzt auch der Zwiebelmarkt in Weimar, der heute bereits zwischen dem 10. und 12. Oktober auf dem Marktplatz der Stadt abgehalten wird.

Das schmeckt zum Martinstag:

MARTINSGANSL

Zutaten für 5-6 Portionen:
1 küchenfertige Freilandgans von 4-5 kg

---

2 säuerliche Äpfel
2 Zwiebeln
Salz, Pfeffer aus der Mühle
je 1 gehäufter EL gehackte Petersilie und Liebstöckel
1 TL gehackter Majoran

Die Gans innen und außen kalt abspülen, Hals und Flügel abschneiden, 4-5 Stunden in Eiswasser legen. Äpfel und Zwiebeln schälen und in große Würfel schneiden, Salz, Pfeffer und Kräuter untermischen. Die Gans abtropfen lassen und abtrocknen, innen und außen mit Salz und Pfeffer einreiben und mit der Apfel-Zwiebel-Mischung füllen. Die Bauchöffnung zunähen oder mit Hölzchen zustecken. Den Backofen auf 160 Grad vorheizen. Die Gans mit der Brustseite nach unten in den Bratentopf legen, 3-4 cm hoch Wasser angießen und 1 Stunde braten, gelegentlich begießen. Dann die Gans wenden, Flügel und Hals ebenfalls in den Bratentopf legen und weitere 1 1/2 Stunde braten. Wieder begießen, eventuell etwas kochendes Wasser zugeben. Danach die Gans 10 Minuten im ausgeschalteten Backofen ruhen lassen. Den Bratensud abgießen, entfetten, im offenen Topf etwas einkochen lassen, abschmecken. Die Sauce durchsieben und zur Gans servieren. Dazu gibt es aus Tradition Kartoffel- oder Semmelknödel, Rotkohl und Preiselbeeren.
Dieses Rezept eignet sich auch für die Weihnachtsgans.

DIPPEDOTZ

Zutaten für 4-6 Portionen:
1,5 kg große, mehlige Kartoffeln
3 große Zwiebeln
2 trockene Brötchen, Milch zum Einweichen
200 g Dörrfleisch oder roher Schinken
3 Eier
6 EL Sonnenblumenöl
je 1 Messerspitze zerriebener,
getrockneter Thymian und Majoran
Salz und frisch gemahlener Pfeffer
30 g Butter

Die Kartoffeln schälen, reiben und 10 Minuten stehen lassen, damit sich die Stärke und das Kartoffelwasser absetzen können. Das Wasser abgießen. Die Zwiebeln schälen und zu den Kartoffeln reiben. Die Brötchen in Milch einweichen, ausdrücken, zerpflücken und zu den Kartoffeln geben. Das Dörrfleisch fein würfeln, Eier, 4 EL Öl und Kräuter zugeben, alles verrühren und mit Salz und Pfeffer abschmecken. Den Backofen auf 200 Grad vorheizen. Einen möglichst gußeisernen Schmortopf mit 2 EL Öl einreiben und heiß werden lassen. Die Kartoffelmasse einfüllen, mit Butterflöckchen belegen und 1 Stunde backen. Dann hat der Dippedotz eine herrlich knusprige Kruste. Dazu wird Apfelkompott serviert.

Vom Thorner Kathrinchen und den Barbarazweigen

Ein leckeres Gebäck und blühende Obstzweige im Winter erinnen heute noch an zwei bemerkenswerte Frauen. Die eine, Katharina, Tochter des Königs Costus von Alexandrien in Ägypten, erlaubte es sich, ihren christlichen Glauben mit schlagkräftigen Argumenten gegen 50 Gelehrte unwiderlegbar zu verteidigen. Sie lebte im 4. Jahrhundert unserer Zeitrechnung. Ihre Gelehrsamkeit half ihr jedoch wenig. Sie wurde aufs Rad geflochten, schließlich enthauptet. Der Legende nach bestatteten Engel ihren Leichnam auf dem Berg Sinai. Seit dem 11. Jahrhundert ist der 25. November der Tag der heiligen Katharina, Schutzpatronin u.a. der Philosophen. Traditionsgemäß wurde früher, am Katharinentag, mit dem Plätzchenbacken begonnen. Zu den ersten Gebäcksorten zählten die Thorner Kathrinchen, benannt nach der Heiligen und der Stadt Thorn an der Weichsel, aus der sie stammten. Thorn gehörte zeitweise zu Preußen, zählt aber heute zu Polen und heißt Torun. Katharina besitzt vor allem auch in den Niederlanden und in Frankreich eine große Anhängerschar und gilt als Patronin der Spitzenklöpplerinnen.

Die andere mutige Heilige, Barbara, lebte ebenfalls im 4. Jahrhundert n. Chr. Sie war die Tochter eines reichen Kaufmanns in Nikomedien im Vorderen Orient. Barbara wurde Christin. Als ihr Vater ihr den Glauben ausreden und sie gegen ihren Willen verheiraten wollte, widersetzte sie sich. »Kein Mensch ist des anderen Eigentum«, soll sie der Legende nach geantwortet haben. Als man sie in den Kerker einsperrte, verfing sich ein abgeknickter Kirschbaumzweig in ihrem Kleid. Sie steckte ihn ins Wasser, und am Tag der

Hinrichtung erblühten an ihm, mitten im Winter, die schönsten Kirschblüten, berichtet die Legende. Und deshalb steckt man noch heute am 4. Dezember, am Barbaratag, Kirschzweige in eine Vase, damit sie Weihnachten erblühen.

Die heilige Barbara hat jedoch einen Konkurrenten, jedenfalls was die blühenden Zweige betrifft: Sankt Andreas, der Bruder des heiligen Petrus, wird am 30. November gefeiert. An diesem Tag werden die sogenannten Andreaszweige – auch Reiser oder Ritteln genannt – geschnitten und ins Wasser gestellt. Diese später grünenden und blühenden Ruten verheißen Glück. Die Reiser wirken am besten, so heißt es nach altem Volksglauben, wenn sie von sieben- oder neunerlei Bäumen oder Sträuchern stammen, von Kirsche, Apfel und Birne, Pflaume und Roßkastanie, Holunder, Stachelbeer- Johannisbeer- und Himbeerbüschen. Von größter Wichtigkeit: Sie müssen bei absolutem Schweigen geschnitten werden, und niemand darf zusehen. Umschlingen die Mädchen drei Reiser mit einem farbigen Band, so gehen die damit verbundenen Wünsche in Erfüllung – vorausgesetzt, die Zweige blühen zu Weihnachten. Das Fest des heiligen Andreas wird besonders von den Schotten, deren Nationalheiliger er ist, begangen, und ebenfalls in den USA.

Zum Auftakt der Plätzchensaison:

THORNER KATHRINCHEN

Zutaten für etwa 200 Stück:
500 g Honig und 375 g Zucker

375 g gemahlene Mandeln
750 g Weizenmehl, Type 1005
30 Pottasche
je 1 TL Zimt, Kardamom und Gewürznelke, gemahlen
1 gute Messerspitze geriebene Muskatnuß und Macis-
blüte
1 TL abgeriebene Zitronenschale, unbehandelt
1 Messerspitze Salz
25 cl Rum
Fett für das Blech
Mehl zum Ausrollen
1 Ei zum Bestreichen

Honig mit Zucker erhitzen und schmelzen. Unter ge-
legentlichem Rühren erkalten lassen. Mandeln, Mehl,
Gewürze, Zitronenschale und Salz vermischen und zufügen. Die Pottasche in Rum glatt rühren und hinzu-
geben. Alles zu einem Teig verarbeiten. Den Teig mit
Folie abdecken und mindestens 1 Tag ruhen lassen, am
besten 8 Tage an einem kühlen Platz, doch nicht im
Kühlschrank.
Ein Blech einfetten. Den Teig 1/2 cm dick ausrollen
und in 3 x 4 cm große Rechtecke schneiden. Diese mit
verquirltem Ei bestreichen und bei 220 Grad 15 Minuten backen. Man kann sie statt mit Ei, nach dem
Backen mit Zuckerguß bestreichen.

Start in den Advent

Der Dezember ist heute der eigentliche Weihnachtsmonat, selbst wenn der erste Adventsonntag in die letzte Novemberwoche fällt. So wurde früher der Dezember auch Christmonat, Julmond oder Heilmond genannt. In vorchristlicher Zeit hieß er Wolfsmond, weil er wie ein Wolf mit seinem dunklen Rachen das Licht verschlingt. Das Wort Advent kommt von Adventus, was Ankunft bedeutet, die Ankunft des Herrn, der Erlösung auf Erden. Schon seit dem 5. Jahrhundert feiern die Christen Advent und denken daran, wie das Volk Israel Jahrtausende auf den Messias wartete, von dem es sich das Paradies erhoffte.

In der heutigen Zeit erhellen die Innenstädte und Geschäftszentren die langen, dunklen Abende des Advent mit ihren vorweihnachtlichen Lichterdekorationen und tun dabei nicht selten des Guten zuviel. Und trotzdem lassen wir uns vom Glanz der Kerzen verzaubern, die eine nach der anderen am Adventskranz erstrahlen.

Vom Zauberkranz zum Adventszauber

Als die Winterwelt noch dunkel war, vor der Erfindung des elektrischen Lichtes, da konnten noch ungestört Geister und Kobolde ihr Unwesen und ihren Schabernack treiben. Vor allem im Norden mit seinen kurzen Tagen und langen Nächten hatten sie dazu ausgiebig Gelegenheit. Und vor allem glaubten die meisten Menschen damals noch an sie. Märchen, Legenden und Sagen von Geistern und Kobolden wurden abends in den Spinnstuben erzählt, so daß es allen auf dem

Nachhauseweg so richtig schön gruselte. Als wirksame Abwehr gegen das Unheimliche im Dunkeln galten aus Tannengrün oder Stroh geflochtene Kränze, die auf den uralten Ringzauber zurückgehen. Umwand man sie zusätzlich mit Bändern in Rot und Gold – die Farben des Lebens und des Lichts –, dann konnte eigentlich kaum noch etwas passieren. Diese Kränze hingen während des Winters an den Türen, dem richtigen Platz für einen Abwehrzauber. In Nord- und Süddeutschland sind heute (noch oder wieder) viele Haustüren während der Adventszeit mit solchen Kränzen geschmückt.

Den eigentlichen Adventskranz dachte sich jedoch ein protestantischer Pastor aus. An einem Novemberabend suchte Johann Hinrich Wichern (1808-1881) in den Straßen und Gassen Hamburgs wie an vielen vorangegangenen Abenden nach Kindern, die kein Zuhause hatten, die von Betteln und kleinen Diebstählen lebten. Der Begründer der Inneren Mission hatte 1833 ein Waisenhaus eingerichtet, das »Rauhe Haus«, in dem Kinder und Jugendliche wohnen, essen und einen Beruf erlernen konnten. Jetzt überlegte er, es war inzwischen 1860, wie er die Adventszeit für die Kinder noch schöner, noch stimmungsvoller gestalten könnte, denn täglich veranstaltete er sogenannte Kerzenandachten mit vielen flackernden Lichtern. Dann hatte er die Idee: Er ließ am ersten Advent nicht mehr alle Kerzen auf einmal anzünden, sondern nur eine einzige, und an jedem folgenden Tag eine mehr. Am Heiligen Abend brannten dann 24 Kerzen. Um diese besonders schön aufstellen zu können, gestaltete ihm ein Freund, ein Architekt, aus Holzreifen einen gewaltigen Kranz von zwei Metern Durchmesser, den die Kinder bald mit Tannengrün schmückten und der Adventskranz war erfunden. Er gefiel allen so sehr, daß sich die Sitte innerhalb der folgenden 40 Jahre in ganz Norddeutschland verbreitete. Aus dem Holzreifen wurde um 1900 ein aus Tannengrün geflochtener Kranz, an dem mit der Zeit nicht mehr 24 Kerzen brannten, sondern aus Platzmangel oder Sparsamkeit nur noch vier, für jeden Adventsonntag eine. Der Siegeszug des Adventskranzes setzte sich Richtung Süden fort. In die erste katholische Kirche Münchens fand er 1937/38 Eingang, und zwar in St. Sylvester in Schwabing. Heute hat der Kranz in vielen Ländern Liebhaber, und die Floristen denken sich immer phantasievollere Kreationen aus. Doch am schönsten ist er immer noch auf traditionell heidnisch-christliche Art – als grüner Tannenkranz mit roten Bändern und roten Kerzen. Geduldet sind allenfalls aufgesteckte rote Äpfel oder kleine Tannenzapfen aus Sympathie für die Waldgeister.

Jeden Tag eine Überraschung

Wer kennt ihn nicht, den für Kinder wichtigsten Kalender der Welt, den Adventskalender? Erfunden hat ihn der Münchner Verleger Gerhard Lang, manche behaupten, nach persönlicher Inspiration durch das Christkind. Ob es ihm kurz vor Advent im Jahre 1908 tatsächlich selbst erschien, das blieb sein Geheimnis. Vielleicht gaben ja auch die ungeduldigen Kinder den Anstoß, die mit ihren ständigen Fragen »Wann ist endlich Weihnachten?« die Erwachsenen nervten. So dachte sich Gerhard Lang etwas ganz Besonders aus, um ihnen das Warten zu verkürzen. Das Ergebnis waren zwei Blätter Papier, die man kaufen konnte. Das eine war mit Zahlen bedruckt, das andere mit 24 bunten Bildern, der

Helferschar des Christkindls: Engelchen beim Backen von Plätzchen und Lebkuchen, beim Geschenkeeinpacken, beim Schmücken des Tannenbaums und bei sonstigen vorweihnachtlichen Aktivitäten. Diese Bilder, für jeden Tag gab es eins, konnten von den Kindern ausgeschnitten und auf die Zahlen geklebt werden. Der Welt erster Adventskalender war geboren, ein System mit 24 Tagen Belohnung, das bis heute die Kinder vom 1. Dezember bis zum Heiligen Abend begleitet und im Laufe der Jahre immer raffinierter, immer aufwendiger wurde.

In den 30er Jahre klebte Lang zwei Papierbögen aufeinander und stanzte kleine Fenster ein. Wer sie öffnete, wurde mit einem hübschen Bild überrascht. Damit nicht genug, fügten in den 60er Jahren die Schokoladehersteller den Bildern kleine Täfelchen bei. 75 Gramm Schokolade finden in dem dicker gewordenen Kalender Platz, dehydriert, damit sie nicht so schnell schmilzt. Die Schar der Engelchen wurde mittlerweile von anderen »Sympathie-Trägern« abgelöst, von niedlichen Bären und Mäusen, auch Micky-Mäusen.

In den 90ern nun hat auf den Adventskalendern der gute alte Nikolaus das Sagen, der nach Meinung der Werbepsychologen vor allem die Frauen anspricht. Sie gelten als die klassischen Kalenderkäuferinnen und Adventsfans und lassen sich von dem angeblichen Frauentyp noch lieber zum Kauf animieren. So treibt das Kalenderwesen seltsame Blüten und hält sogar für die Schmusekatzen-Besitzer Adventkalender mit 24 Täfelchen von aus Fischmehl hergestellter »Katzolade« bereit.

Trotz dieses Überangebotes käuflicher Adventskalender – die Lust am selbstgebastelten bleibt ungebrochen. Ob heimlich zu Hause und als Überraschung geplant, ob im Kindergarten, in der Schule, da wird gemalt, geschnippelt, geklebt und dann verschenkt. Denn für die Bastler selbst bergen sie keine Überraschung mehr. Und wenn etwas zum Naschen dabei sein soll, dann kann sogar ein Kalender gebacken werden.

Zum Verschenken und Vernaschen an 24 Tagen:

GEBACKENER ADVENTSKALENDER

Zutaten für den Teig (1 Backblech, etwa 40 x 32 cm):
700 g Mehl
400 g Margarine, 300 g Zucker, 1/4 TL Salz
2 EL Schlagsahne, 2 Eier
Für die Füllung:
300 g Mandeln, 400 g Zucker
300 g Kürbiskerne, 200 g Sonnenblumenkerne
250 g Schlagsahne
Zum Bestreichen und Verzieren:
2 Eigelb, 50 ml Milch
1 Eiweiß, 50 g Puderzucker

Mehl, Margarine, Zucker, Salz, Sahne und Eier zu einem glatten Teig verarbeiten, zur Kugel formen und in Klarsichtfolie gewickelt einige Stunden kalt stellen. Die Mandeln hacken. Zucker in einem Topf hellgelb schmelzen. Mandeln, Kürbis- und Sonnenblumenkerne unterrühren. Den Topf vom Herd nehmen und

---

die Masse mit 3-4 EL Wasser ablöschen. Dann die Sahne untermischen und alles abkühlen lassen.

Backpapier in Blechgröße zuschneiden. Den Teig halbieren und eine Hälfte auf dem Papier ausrollen, überstehende Teile abschneiden und beiseite legen. Die Teigplatte mit dem Papier aufs Blech ziehen. Die Nußmischung darauf verteilen, dabei ringsherum einen Rand von 2 cm Breite lassen.

Die zweite Teigportion auf einem entsprechenden Stück Backpapier ebenfalls in Blechgröße ausrollen, überstehende Ränder abschneiden. Die Nußmischung mit der Teigplatte bedecken. Die Ränder ringsherum festdrücken. Eigelb und Milch verquirlen und den Teig damit bestreichen. Die Kalendereinteilung mit dem Messerrücken markieren. Die Teigreste zusammenkneten, ausrollen und Zahlen von 1 bis 24 ausstechen, auf den Teig legen und mit Eigelb bestreichen.

Den Kalender im vorgeheizten Ofen bei 180 Grad etwa 40 Minuten backen. Das Eiweiß sehr steif schlagen. Den Zucker unterrühren und die Masse in einen Spritzbeutel füllen. Den Kalender aus dem Ofen nehmen, diesen auf 120 Grad herunterschalten. Mit dem Eiweiß einen Rahmen um den Rand spritzen, und auch die Zahlen nachziehen. Den Kalender noch einmal in den Ofen schieben und etwa 30 Minuten trocknen lassen.

Sankt Nikolaus und sein unheimlicher Freund

Dieser ehrwürdige Heilige muß es sich gefallen lassen, im ausgehenden 20. Jahrhundert zu seinem Fest am 6. Dezember auf vielerlei Arten eingesetzt, um nicht zu sagen mißbraucht zu werden. Nicht nur, daß er Kaufhäusern als Werbeträger dienen muß, auf feuchtfröhlichen Vereins- und Betriebsfesten den Unterhalter zu spielen hat, die Schokoladeindustrie ihn millionenfach in Formen preßt, in bunt bedrucktes Staniol einwickelt und als Massenartikel absetzt: Er ist auch jederzeit und von allen abrufbar. »Call a Nikolaus« – wie beim Pizza-Dienst kann man einen Nikolaus über eine entsprechende Agentur telefonisch ordern. Den Spickzettel für das Goldene Buch, auf dem Lob und Tadel verzeichnet sind, den Inhalt für den Gabensack muß natürlich jeder Nikolaus-Besteller selbst besorgen. Für Studenten und Arbeitslose sind Einrichtungen dieser Art wahrlich ein echter Nikolaussegen. Sie können sich am Tag des Heiligen im ausgeliehenen Bischofsgewand – roter Mantel und Tiara – und mit angeklebtem weißen Bart ein Zubrot verdienen. Auch Arbeitsämter und Studentendienste übernehmen die Vermittlung.

Für den, der die Geschichte des Heiligen noch nicht kennt: Nikolaus lebte im 4. Jahrhundert an der Südküste Kleinasiens, der heutigen Türkei. Das antike Patara gilt als seine Geburtsstadt. Schon als Jüngling soll Nikolaus auffallend fromm und tugendhaft gewesen sein. Er wurde Bischof in der unweit liegenden Stadt Myra, in der heute noch seine Kirche und sein Grab besichtigt werden können. Seine Freigebigkeit und seine Wunder machten ihn berühmt.

Um seine Gestalt ranken sich zahlreiche Legenden, die ihn als vielseitigen Schutzheiligen ausweisen. Kein Heiliger sonst besitzt in allen Weltteilen so viele unterschiedliche Patronatsverpflichtungen wie er. Sankt Nikolaus gilt vor allem aber als Freund der Kinder und der Armen. So wird erzählt, daß er drei Schüler, die ein geiziger und geldgieriger Wirt erschlagen, zerstückelt und in ein Salzfaß gestopft hatte, wieder zusammenfügte und ihnen das Leben wiedergab. Nach einer anderen Legende hörte er die Klagen eines Vaters, der zu arm war, um seine Töchter mit der notwendigen Aussteuer zu versorgen. So wäre ihm nichts anderes übrig geblieben, als die Töchter auf die Straße zu schicken, um sie dort ihr Geld selbst verdienen zu lassen. Doch Sankt Nikolaus hatte Mitleid und warf in drei Nächten drei Goldklumpen in die Stube, so daß alle drei Mädchen ehrenhaft verheiratet werden konnten.

In Erinnerung an die gute Tat des Bischofs stellen noch heute die Kinder ihre blankgeputzten Schuhe am Nikolausabend vor die Tür oder hängen einen Strumpf an den Kamin, weil Sankt Nikolaus sein Geschenk an die Mädchen durch den Kamin geworfen hatte, und das Gold in den Strümpfen der Mädchen landete, die dort zum Trocknen aufgehängt waren.

Der Nikolauskult setzte in Europa erst richtig um die Jahrtausendwende ein, als die Reliquie des Heiligen in Kleinasien geraubt und nach Italien gebracht wurde. Bari feiert das Fest seines Stadtheiligen jedes Jahr mit besonderem Gepränge.

Ob Schuh oder Strumpf, Nikolaus bringt zuverlässig seine Gaben. Und wer nicht vergißt, auch für seinen Esel eine Möhre und ein wenig Stroh vor die Tür zu legen, hat bei dem

Heiligen einen dicken Stein im Brett. In vielen Familien wurde es erst Ende des letzten Jahrhunderts Brauch, Nikolaus in voller Gestalt erscheinen zu lassen. Dazu verkleidete sich abends ein Verwandter oder großer Bruder, um als würdevoller Bischof und als Respektsperson den unartigen Kindern die Leviten zu lesen und danach die Gaben auszuteilen.

Die zweitwichtigste Gestalt am Nikolausabend ist hierzulande, hauptsächlich im Alpenbereich, der Knecht Ruprecht, auch Krampus, Klausmänneken oder Buzebercht genannt, ein schwarzer, polternder, unheimlicher Geselle, der mit Ketten rasselt und alle erschreckt. Häufig hat dieser unberechenbare Kerl eine Rute dabei, die erst im Laufe der Zeit zum Bestrafen – wenn auch nur milde – eingesetzt wurde. Ursprünglich war mit einem Streich des zusammengebundenen Reisigs ein Segen verbunden, dessen Berührung Fruchtbarkeit verhieß.

Klasen- oder Klausenmänner aus Hefe- oder Mürbeteig, mit Rosinen als Augen und Nase bäckt man heute noch am Bodensee, Weckmänner mit kleinen Ruten oder Tonpfeifen vor allem im Rheinland in der Nikolauszeit, in anderen Gegenden Klasenvögel oder Klasenringe – manche behaupten, in Erinnerung an heidnische Opfergaben.

Ein Weckmann läßt sich sehr gut selber backen und auch zu Nikolaus verschenken. In Westfalen wird der Pumpernickel mit dem Heiligen in Verbindung gebracht, von dem viele meinen, daß das nahrhafte Brot besonders gut für den Schimmel von Sankt Nikolaus sei.

Ein besonderer Brauch wird im Berchtesgadener Land gepflegt, wo der Nikolaus mit dem Buttenmann umhergeht, dem Knecht Ruprecht, der wegen seiner Butte – einem Tra-

32

gekorb – auf dem Rücken so heißt. In seinem ungeheuren Pelzrock wirkt er besonders furchterregend. In Begleitung des sanften Heiligen und des wilden Knechtes befindet sich häufig Frau Bertha, auch »Nikoloweibl« genannt, die gleichzeitig strafen oder belohnen darf und damit als einzige weibliche Person mit Nikolaus-Kompetenz ausgestattet ist. Doch weiß jeder, daß in den Frauenkleidern in Wirklichkeit ein Bursche steckt. Das Gefolge des Nikolausumgangs besteht im Berchtesgadener Land aus zwölf in Stroh gehüllte, mit Fellmasken vermummten wilden, lärmenden Gestalten, die Kuhglocken auf dem Rücken tragen und von mehreren Gangerln – Teufelsgestalten – umschwärmt werden. Zuschauer betrachten die unheimlichen Nikolaus-Begleiter entweder vom Fenster aus oder in respektvoller Distanz, denn niemand weiß, zu welchem Schabernack sie fähig sind.

Gebacken zum Nikolaustag:

RHEINISCHE WECKMÄNNER

Für etwa 6 Stück:
500 g Mehl und Mehl zum Arbeiten
1 Würfel (40 g) Hefe
80 g Zucker
200 ml lauwarme Milch
100 g geschmolzene, abgekühlte Butter oder Margarine
3 Eigelb von mittelgroßen Eiern
1 Päckchen Vanillezucker

1 Messerspitze Safran
1 Prise Salz
1/2 TL abgeriebene Zitronenschale, unbehandelt
1 Eiweiß
50 g Rosinen
einige kleine Zweige für die Ruten

Das Mehl in eine Schüssel sieben, in die Mitte eine Mulde eindrücken. Hefe und Zucker in der Milch glatt rühren und in die Mulde gießen. Mit etwas Mehl vom Rand verrühren und bestreuen. Die Schüssel mit einem Küchentuch bedeckt 15-20 Minuten an einen warmen Platz stellen, bis die Hefe blasig wird.

Butter, Eigelb, Vanillezucker, Safran, Salz und Zitronenschale zufügen und alles zu einem glatten Teig verrühren. Das geht am besten mit den Knethaken des elektrischen Handmixers.

Den Teig zugedeckt 30 Minuten gehen lassen. Dann gründlich durchkneten und in 6 Portionen teilen. Diese auf einer bemehlten Fläche oval auf etwa 15 x 25 cm ausrollen. Für die Arme der Weckmänner an jeder Längsseite zwei 2 cm breite Schlitze einschneiden. Davon je 10 cm abschneiden und zu einer Kugel formen. Die Kugel etwas flach drücken und als Kopf oben am Teig fest andrücken. Für die Beine einen 10 cm langen Schnitt von unten in der Teigmitte anbringen. Beine und Arme nach Phantasie anwinkeln, in eine Armbeuge jeweils 1 Zweig als Rute stecken.

Das Backblech mit Backpapier auslegen und Weckmänner mit 4 cm Abstand darauf legen. Die Weckmänner mit Eiweiß einpinseln. Die Rosinen als Augen, Nase, Knöpfe oder Ketten in den Teig drücken. Den Backofen auf 190 Grad vorheizen. Die Weckmänner noch 20-30 Minuten gehen lassen und in Ofenmitte 20-25 Minuten backen, auf dem Kuchengitter abkühlen lassen. Frisch schmecken die Weckmänner am besten.

Tip: Im Rheinland werden statt der Ruten den Weckmännern auch kleine Tonpfeifen in den Arm gesteckt und mitgebacken. Sie sich später, nachdem die Weckmänner verzehrt sind, gut für das Seifenblasen verwenden lassen.

Übrigens kommt der Nikolaus in manchen Gegenden nicht nur am Vorabend seines Namenstages, am 5. Dezember, sondern noch einmal am Heiligen Abend, wie im Berchtesgadener Land. Dann bringt er den geschmückten Christbaum ins Haus, doch läßt er sich dabei nicht ertappen.

Ob zum Nikolaustag oder für einen gemütlichen Nachmittag im Advent -etwas zum Naschen versüßt die dunklen Tage, läßt uns das unwirtliche Wetter eher von einer stimmungsvollen Seite betrachten. Ein leckeres Adventgebäck im Vorrat zu halten, beglückt auch Überraschungsbesuch, der auf eine Plauderstunde vorbeikommt. Etwas zum Naschen gehört auch zum Bastel- oder Backnachmittag mit Kindern. Backen und verzieren lassen sich verlockende Kekse, die man bis zum Verzehr in Dosen aufhebt oder auch als Schmuck für den Adventskranz oder -strauß verwenden kann.

Hier das Rezept dafür:

BUNTE KEKSE ALS ADVENTSSCHMUCK

Zutaten für etwa 100 Kekse:
<u>Für den Grundteig:</u>
250 g Margarine, 125 g Zucker, 500 g Mehl,
1 Päckchen Vanillezucker, 1 Prise Salz, 2 Eier
<u>Zum Verzieren:</u>
1 Eiweiß, 150 g Puderzucker
außerdem Nußkerne, Krokant, kandierte Früchte, Ko-
kosraspel und Zuckerperlen nach Wahl.

Die Zutaten für den Grundteig in eine Schüssel geben
und zu einem glatten Mürbeteig verkneten. Diesen in
Folie wickeln und 15 Minuten kalt stellen. Den Teig
1/2 cm dick ausrollen, Sterne, Glocken, Herzen, Engel, Tiere und Bäume mit Förmchen ausstechen und
auf ein mit Backpapier ausgelegtes Backblech legen.
Kleine Löcher für die Bänder zum Aufhängen ausstechen. Die Kekse im vorgeheizten Backofen bei 200
Grad 10 bis 12 Minuten backen und auf einem Rost
abkühlen lassen. Für den Guß das Eiweiß steif schlagen, den Puderzucker unterrühren. Das Gebäck mit
Guß, Nußkernen und den übrigen Verzierzutaten nach
Phantasie schmücken, trocknen lassen. Einen Teil als
eßbaren Schmuck mit Bändern versehen und aufhängen, einen Teil zum Vernaschen in Dosen aufheben.

Das schmeckt ebenfalls im Advent zum Tee oder Kaffee:

VOLLKORN-PFEFFERNÜSSE

Zutaten für 100 etwa Stück:
Für den Teig:
100 g Orangeat
1 gestrichener TL Hirschhornsalz
2 EL Kirschwasser
4 Eier, Gewichtsklasse M
300 g brauner Zucker
2 TL fein gemahlener schwarzer Pfeffer
je 1/4 TL Piment, Muskatnuß, Ingwer und Kardamom
die abgeriebene Schale 1 unbehandelten Zitrone
500 g Weizenvollkornmehl, sehr fein gemahlen, Mehl
zum Arbeiten
Für die Glasur:
4 EL Puderzucker
2 EL Kirschwasser, 1 EL Zitronensaft
bunte Zuckerstreusel

Orangeat fein hacken, Hirschhornsalz im Kirschwasser auflösen. Eier und Zucker schaumig schlagen, Gewürze, Orangeat, Zitronenschale und aufgelöstes Hirschhornsalz unterrühren. Mehl übersieben, mit den Knethaken gut unterarbeiten und den Teig mit Klarsichtfolie abgedeckt über Nacht kaltstellen. Dann mit leicht bemehlten Händen Kugeln von 3 cm Durchmesser formen und mit 1,5 cm Abstand auf das mit

37

Backpapier ausgelegte Blech setzen. Auf der mittleren Schiene des auf 175 Grad vorgeheizten Backofens 20 bis 25 Minuten backen.

Puderzucker mit Kirschwasser und Zitronensaft zu einer glatten Glasur rühren. Die heißen Pfeffernüsse damit bestreichen, bunte Streusel überstreuen. Pfeffernüsse auf dem Kuchengitter abkühlen lassen und mindestens 1 Woche in einer Blechdose durchziehen und weich werden lassen.

Tip: Falls die Pfeffernüsse für Kinder gebacken werden, nur die halbe Menge Pfeffer und statt Kirschwasser die gleiche Menge Zitronensaft für die Glasur verwenden.

Lichterhäusl zum Lucientag

Früher war es in vielen Gegenden üblich, zum Nikolaustag nur die Jungen zu beschenken. Für die Bescherung der Mädchen war die heilige Lucia zuständig, als deren Tag der 13. Dezember gefeiert wird. Diese Heilige stammt aus Syrakus auf Sizilien. Sie erlitt ebenfalls den Martertod und wurde enthauptet, weil sie ihr Leben Christus geweiht hatte. Der Name Lucia ist vom lateinischen Lux – das bedeutet Licht – abgeleitet, und ihr Fest ist von Licht begleitet. Damit verschmilzt sie mit den Perchten, den alten Lichtgöttinnen der Alpenländer. In den nordischen Ländern feiert man das Fest der Heiligen mit der Luciabraut und besonders festlich.

Doch auch bei uns ist die Sizilianerin nicht vergessen. In Fürstenfeldbruck bei München wurde zum 13. Dezember ein schöner Brauch wiederbelebt, der jetzt viele Schaulustige anlockt. Ein Lehrer erzählte im Heimatkundeunterricht, daß es in Bruck früher üblich war, am Lucientag kleine, aus Holz gebastelte Lichthäusl in die Amper, einem kleinen Nebenfluß der Isar, zu setzen und schwimmen zu lassen. Ursprünglich war dieser Brauch wohl eine Art Flußopfer, das Überschwemmungen verhüten sollte. Nun bauen vor dem Lucientag vor allem die Jungen in den Schulen von Fürstenfeldbruck ihre Lucienhäusl aus Holz oder Pappe. Dann werden sie abends – am Tag der Heiligen – in die Pfarrkirche getragen. Dort werden die Dächer abgenommen und die Lichter im Innern der Häusl angezündet. Nachdem die Dächer wieder aufgesetzt sind, erlöschen alle Lichter in der Kirche. Der Pfarrer spricht den Segen, und in einer Prozession ziehen die Kinder zum Ufer der Amper. Dort werden die Häusl auf das Wasser gesetzt und schwimmen als illumimierte Flotte den Fluß hinunter.

Allerlei strenge und freundliche Dezembergestalten

Nicht überall zeigte sich Lucia, die Leuchtende, von ihrer freundlichen Seite. Wo sie mit der Figur der Perchten verschmolz, wie in den Alpenregionen und in osteuropäischen Ländern, wurde sie zur häßlichen Luz, einer hexenähnlichen Gestalt, die in Stroh und blutrote Gewänder gekleidet, in den Dörfern die Kinder erschreckte und faule Mägde und Knechte bestrafte. Vielerorts gehen in den Adventswochen geheimnisvolle Gestalten um und gibt es Bräuche, deren Ursprünge weit in unsere Zeit zurückreichen. Wie das Klöpfelngehn, das seit langem vor allem im bayerischen und alemannischen Alpenraum und im Bayerischen Wald an den drei Donnerstagen zwischen dem ersten und vierten Adventsonntag stattfindet, in manchen Gegenden nur am letzten Donnerstag vor Weihnachten. Sobald es dunkelt, ziehen Jungen und Mädchen von Haus zu Haus, manchmal mit Masken vor den Gesichtern. Sie klopfen mit Ruten oder Stöcken an die Türen und Fensterläden, werfen Erbsen oder kleine Kieselsteine an die Fenster oder singen das Lied »Wir ziehen daher so spät in der Nacht, denn heut ist die heilige Klöpfelsnacht«, um Süßigkeiten, Äpfel und Nüsse zu ergattern, vielleicht auch ein wenig Geld. Die Schätze werden in einem weißen Sack gesammelt und später untereinander geteilt.

Die Ursprünge dieses Brauchs liegen in heidnischer Zeit, als der Donnertag noch als heiliger Tag des Gottes Donar oder Thor galt, der Tag, der auch seinen Namen trägt. Er galt als Beschützer der Ernte und der Bauern, und es war nicht ratsam, seinen Zorn zu erregen. Dann schickte er Donner und Blitz aus den Wolken auf die Erde. Als die heidnischen Götter zum Abdanken gezwungen waren, wurde der Brauch des Klöpfelns – auch Kopfnächte genannt – mit den ersten Christen in Zusammenhang gebracht, die sich zu ihren heimlichen Versammlungen mit bestimmten Klopfzeichen verabredet haben sollen. Das Klöpfeln gewann in den vorigen Jahrhunderten in armen Gegenden, wie im Bayerischen Wald, auch soziale Bedeutung. Da zogen arme Häuslerburschen und Knechte mit Heugabeln an den Bauernhäusern vorbei, um ihr karges Auskommen durch erbettelte Lebensmittelrationen aufzubessern. Auf die Zinken steckten die angeklopften Bauern Krapfen oder Geselchtes und Gebratenes. Beim Klöpfeln soll es nicht selten durch Gebietsübertretungen konkurrierender Gruppen zu Raufereien gekommen sein.

In Schwaben herrscht noch ein anderer Brauch. Hier heißen die Donnerstagsnächte Fahrnächte und gehören der Pelzmärte, einer mit Flickenkleidern und Kopftüchern vermummten Gestalt, die die Kinder erschreckt, aber auch mit Äpfeln und Nüssen beschenkt.

In manchen Dörfern Bayerns gibt es die Berchtel, auch die »schiache«, die häßliche Perchte genannt, die in den Dörfern umhergeht, die Kinder mit der Rute straft oder mit Hutzelbrot und Nüssen beschenkt. Die Busebercht, in schwarze Lumpen gehüllt, mit schwarzem Gesicht und Zottelhaar, lief einst in Augsburg mit einem Topf voll Mehl umher und stäubte es den Leuten ins Gesicht.

Heute zeigen sich diese Gestalten nur noch selten, mag sein, daß ihnen die Welt selbst zu laut und zu grell geworden ist, daß sich die Kinder, abgehärtet durch Grusel-, Fantasy- und Action-Filme im Fernsehen, von ihnen nicht mehr erschrecken und beeindrucken lassen. Doch vielleicht kommt eines Tages wieder ihre Zeit.

Noch ein, wenn auch heute nicht mehr so bekannter Vertreter aus der Schar der Heiligen macht wenige Tage vor dem Fest, am 21. Dezember, auf sich aufmerksam. Es ist der heilige Thomas, der Apostel, der an der Auferstehung Christi am längsten zweifelte. Sein Fest fällt deshalb mit dem kürzesten Tag und der längsten Nacht des Jahres zusammen. Scherzhaft bezeichnet man heute Leute, denen man schwer etwas glaubhaft machen kann und die immer zweifeln, auch als »ungläubiger Thomas«.

Am Tag dieses Heiligen herrschten früher allerlei Bräuche. Geliehene Gegenstände sollten spätestens dann zurückgegeben werden. Er galt auch als Termin für das Backen von Kletzenbrot. In Süddeutschland sammelten früher die Frauen am Thomastag dafür Mehl, das aber vor allem für Lebzelten verwendet wurde, von denen jeder Hausgenosse eins erhielt. Das Gebäck durfte allerdings erst am Stephanstag, am 26. Dezember, verzehrt werden. Bis dahin ruhte es in Tontöpfen.

Im Eichsfeld war der 21. Dezember der Beginn der Schlachtfeste. Man glaubte, daß nach diesem Tag das Schweinefleisch am besten schmecke. Für das sogenannte Thomasorakel streute man in Bayern Gerstenkörner in einen Blumentopf mit guter Erde und stellte ihn auf die warme Fensterbank. Nach Weihnachten diente das sprießende Grün als Orakel, als Wettervoraussage. Hier sollte sich zeigen, ob Feuchtigkeit und gutes Wachstum, Trockenheit und frühes Gilben im künftigen Bauernjahr zu erwarten waren.

Weihnachtsmärkte und Ausflüge im Advent

In der Vorweihnachtszeit bilden die Weihnachtsmärkte für Einheimische und Besucher magische Anziehungspunkte. Pünktlich mit oder nach dem 1. Advent eröffnet heute jede Stadt, die etwas auf sich hält, ihren Weihnachtsmarkt. Dafür wird natürlich der schönste Punkt der Stadt ausgewählt, der Marktplatz. Umgibt ihn ein Altstadtkern mit malerischen Giebelhäusern, so bilden diese den festlichen und romanti-

schen Rahmen für alle die hellerleuchteten Buden mit Weihnachtsbaumschmuck, mit Gestecken und Leuchtern, mit
Töpferwaren, Kunsthandwerk und mit vielerlei hübschem
Krimskrams, Spielzeug und Gebrauchtwaren. Da duftet es
nach Lebkuchen und Glühwein, nach gebrannten Mandeln
und Grillwürsten. Im großen Kupferkessel bauscht sich das
leckere Gespinst für die Zuckerwatte, vom Rost daneben duftet es nach gerösteten Kastanien. An den glitzernden Ständen
wird ein Geschenk oder Weihnachtsbaumschmuck ausgewählt oder nur ein lustiger Zwetschgenmann. Ein kleiner
Marktbereich wird, vor allem im süddeutschen Raum, den
Buden eingeräumt, die Krippenfiguren anbieten, vom einfachen Schäfchen aus Plastik oder mit Pelz aus gekräuselter
Wolle bis zum kunstvoll geschnitzten Jesuskind in der dazu-
gehörenden Krippe. So wird es für viele Familien zu einer Art
Ritual, sich hier Jahr für Jahr eine oder mehrere Figuren aus-
zusuchen, bis zu Hause die Weihnachtskrippe komplett ist.

Die Weihnachtsmärkte haben eine lange Tradition und
entwickelten sich vor allem an Handelsplätzen. Ursprünglich waren es Erntemärkte, die gegen Jahresende bereits in
der Antike abgehalten wurden. Die Ernte war eingebracht,
das Vieh geschlachtet, das Gesinde erhielt seinen Jahreslohn,
die Herren bekamen ihre Pacht, und so konnte sich jeder für
den Winter mit Vorräten eindecken. Auch für andere not-
wendige Neuanschaffungen waren diese Märkte gerüstet, so
boten sie Kleidung, Werkzeug und allerlei Hausrat an. Dazu
kamen Kerzenleuchter und Nußknacker, Kinderspielzeug
und Puppen, die in Waldgebieten von den Häuslern in Heim-
arbeit hergestellt worden waren – so im Thüringer- und im
Bayerischen Wald, im Erzgebirge und in Tirol.

Diese Märkte zogen auch allerlei Gaukler und Spaßmacher an, so daß Unterhaltung und Belustigung nicht zu kurz kamen. Für das leibliche Wohl der Besucher sorgten Stände mit allerlei Eßbarem und Getränken. So entwickelten sich aus den Warenmärkten mit der Zeit richtige Weihnachtsmärkte. Einige erlangten internationale Berühmtheit, wie der Christkindlesmarkt in Nürnberg, die Weihnachtsmärkte von München und Frankfurt am Main, der Strietzelmarkt in Dresden, der Weihnachtsmarkt in Augsburg und der Hamburger »Dom«.

Der Münchner Weihnachtsmarkt wird bereits in der Stadtchronik 1310 als Nikolausmarkt erwähnt, doch erst 1972 erhielt er seinen endgültigen Platz im Herzen der Stadt, auf dem Marienplatz, den ein riesiger Weihnachtsbaum mit Tausenden von Lichtern schmückt. Im Rathaushof können die Besucher eine Weihnachtskrippe mit lebensgroßen Figuren bestaunen, und das Glockenspiel im Rathausturm lockt in dieser Zeit noch mehr Bewunderer an als in anderen Zeiten.

Besonders eindrucksvoll gestaltet sich die Eröffnung des Christkindlesmarktes in Nürnberg, in früheren Zeiten Zentrum des Gewürz- und Spielzeughandels, heute Stadt der großen internationalen Spielzeugmesse. Dieser Markt findet seine erste Erwähnung im Jahre 1559, und das Christkind höchstpersönlich eröffnet ihn nach Einbruch der Dunkelheit. Das Nürnberger Christkindle, ein junges Mädchen, wird alle zwei Jahre neu gewählt, und seine Rede vom Chorumgang der Frauenkirche an die versammelten Schaulustigen, begleitet von Weihnachtsmusik, ist immer ein feierliches, stimmungsvolles Ereignis. Danach wird den auf Grillständen brutzelnden Nürnberger Würsteln eifrig zugesprochen und ein Vorrat Nürnberger Lebkuchen – vor allem an feinen Elisenlebkuchen – für die Advents- und Weihnachtszeit erstanden. Man kann diese recht teuren Lebkuchen aber auch leicht selber backen.

Hier das Rezept:

ELISENLEBKUCHEN

Zutaten für etwa 30 Stück:
Für den Teig:
300 g Zucker, 5 Eier Größe M
350 g ungeschälte, gemahlene Mandeln
100 g Mehl
50 g feingewürfeltes Orangeat
50 g feingewürfeltes Zitronat
2 TL gemahlener Zimt
1/4 TL gemahlener Kardamom
je 1 Messerspitze Nelken, Piment, Ingwer, gemahlen
30 runde Oblaten von 8 cm Durchmesser
Zum Verzieren:
30 geschälte Mandeln und/oder 30 g Zitronatwürfel
100 g Zucker
1 EL Zitronensaft

Zucker und Eier in einer Schüssel mit dem Schneebesen über dem warmen Wasserbad schaumig schlagen, abnehmen und bis zum Abkühlen weiterschlagen. Die übrigen Zutaten vermischen und unter die Ei-Zucker-

Masse ziehen. Auf jede Oblate einen gehäuften Eßlöffel dieser Masse geben, mit einem Küchenmesser zum Rand hin verstreichen, die Mitte soll gewölbt sein. Das Messer zwischendurch in Wasser tauchen. Lebkuchen mit Mandelhälften und/oder Zitronat verzieren, auf das große Blech legen und über Nacht antrocknen lassen. Im 180 Grad heißen Ofen auf Mittelschiene 15–20 Minuten backen. Zucker, Zitronensaft und 2 EL Wasser aufkochen, die heißen Lebkuchen damit einpinseln.

Der Augsburger Weihnachtsmarkt verzaubert seine Besucher auch durch das »Engelesspiel«, das jeden Samstag und Sonntag im Advent um 18 Uhr beginnt. Wenn die musizierenden Augsburger Engel, frei nach dem Bild mit den Altarengeln von Hans Holbein d. Ä., in den Fenstern des reichsstädtischen Rathauses erscheinen, wird dieses zum großen Adventskalender.

Einen beeindruckenden Rundblick über den Weihnachtsmarkt hat man vom 70 m hohen Perlachturm. Unter dem großen Weihnachtsbaum vor dem Rathaus befindet sich das Postamt des Christkindl, das alle Weihnachtsgrüße zum oberösterreichischen Ort namens Christkindl expediert, wo diese mit dem Original-Poststempel und Sonderbriefmarken in alle Welt verschickt werden.

Besonders sehenswert in der Fuggerstadt ist auch der Weihnachtsmarkt in den Handwerkerhöfen beim Hl.-Geist-Spital, wo Bäcker, Buchbinder, Friseure, Gold- und Silberschmiede, Kürschner, Metzger, Schuhmacher und Wachszieher in einem weihnachtlichen Rahmenprogramm in ihren

Werkstätten arbeiten. Geöffnet ist dieser Markt nur an den drei ersten Adventsonntagen.

Auf der Weihnachtsinsel vor dem Zeughaus sorgen Märchenerzähler, Musikanten, Puppenspieler und andere Künstler für die Unterhaltung der Kinder und Erwachsenen. Um die reichhaltigen Aktivitäten in der Vorweihnachtszeit genießen zu können, bietet die Stadt Augsburg auswärtigen Gästen dreitägige Pauschalarrangements an (*Auskunft:* Tourist-Information Augsburg, Bahnhofstraße 7, 86150 Augsburg, Telefon 0821/502070.)

Ursprünglich war der Dresdner Strietzelmarkt ein reiner Fleischmarkt, der am Tag vor dem Heiligen Abend abgehalten wurde. Hier besorgten sich zu Anfang des 15. Jahrhunderts die Bürger nach langem Fasten einen guten Weihnachtsbraten. Mit der Zeit erweiterte sich der Markt, und um 1500 nannte er sich Strietzelmontag. Der Markt wurde nun am Montag vor Weihnachten abgehalten, und die Dresdner Weißbäcker boten auf ihren flachen Karren, den Strutzelwahen, ihre auf Bretter ausgelegten Strietzel an. Sie waren über Jahrhunderte die Hauptware des Marktes, die Strietzeln, die wir heute als Stollen bezeichnen. Mit der Zeit erweiterte sich auch hier das Angebot. Die ersten Schnitzer aus dem Erzgebirge erhielten das Privileg, einen Tag lang von Sonnenauf- bis -untergang ihr Spielzeug und andere Waren, so auch praktisches Holzgerät für die Küche, hier zu veräußern. Aus der Zeit um 1700 wird berichtet, daß Schnitzer aus der Stadt Seiffen in größerer Zahl »eitel gemaltes Puppen-Werck, Kinderspiele und andere geschnitzte Sachen« feilboten. Die Kinder ärmerer Leute beteiligten sich am Verkauf und hatten kleine Bauchläden mit Spielzeug, Selbstgebackenem und Pflaumentoffeln, Figuren aus Backpflaumen. Sie entstanden aus den urspünglichen »Feuerrüpeln«, schwarzen Teufeln oder Kobolden. Heute zieht der Strietzelmarkt im Elbflorenz wieder scharenweise Besucher an, und die berühmten Stollen möchte jeder zu einem Glas Glühwein probieren.

Die Frankfurter sind sich darüber einig: ihr Weihnachtsmarkt im Herzen der Stadt ist der schönste weit und breit. Er geht auf das Jahr 1393 zurück und war von christlichen Mysterienspielen auf dem Römerberg begleitet. Über 200 bunt dekorierte Stände und Buden ziehen sich heute von der Zeil bis zum Mainufer hin. Vor allem die Frankfurter Dippe – Keramikgeschirr – sind eine der vielen Spezialitäten dieses Marktes. Von einer anderen, den Korinthenmännchen, berichtet der Dichter Clemens von Brentano: »Sie haben Augen von Wacholderbeeren, Nase von Mandelkern und Mund von Rosine.« Eine weihnachtliche Spezialität Frankfurts sind auch die Bethmännchen. Sogar Napoleon soll sie bei seinem Besuch der Bankiers Johann Philipp und Moritz Bethmann, nach denen das Marzipangebäck benannt wurde, mit Genuß probiert haben. Diese Köstlichkeit läßt sich ganz einfach herstellen.

Zum Naschen in der Weihnachtszeit:

FRANKFURTER BETHMÄNNCHEN

Zutaten für 40 Stück:
250 g Marzipanrohmasse
1 Eiweiß

1 EL Mehl
75 g Puderzucker
1 kleine Prise Salz
60 Mandeln, geschält und halbiert
4 EL Rosenwasser
2 EL Zucker

Marzipan, Eiweiß, Mehl, Puderzucker und Salz mit den Knethaken des elektrischen Handmixers zu einem glatten Teig verkneten. Daraus mit leicht angefeuchteten Händen 40 Kugeln formen und mit 2 cm Abstand auf das mit Backpapier ausgelegte Blech setzen. An jede Kugel aufrecht 3 Mandelhälften drücken. Auf der mittleren Schiene des auf 150 Grad vorgeheizten Ofens 30-35 Minuten backen, bis die Bethmännchen goldgelb sind. Das Rosenwasser mit dem Zucker um die Hälfte einkochen. Bethmännchen aus dem Ofen nehmen und sofort mit dem Rosenwasser einpinseln, auf dem Kuchengitter abkühlen lassen.

Mitmachen auf einem Weihnachtsmarkt

Wer ein Kunsthandwerk ausübt oder etwas ungewöhnlich Hübsches bastelt, das in die Weihnachtszeit paßt, kann diese Dinge auch selbst auf dem Weihnachtsmarkt verkaufen. Die in kleineren Städten oder Stadtteilen veranstalteten Weihnachtsmärkte sind dafür am besten geeignet. Die Märkte werden entweder von den Kommunen oder von privaten Betreibern ausgerichtet. Dabei wird pro Tag eine Standgebühr und eine Gebühr für Aufbauten erhoben. Für die Eröffnung eines Standes ist keine Gewerbeerlaubnis notwendig, der Personalausweis genügt. Der Marktmeister weist die Stände zu und kassiert die Gebühr. Eine Gegenständeverordnung regelt, welche Waren auf dem Weihnachtsmarkt verkauft werden dürfen. Auskünfte dazu erhält man auf dem Wirtschafts- oder Gewerbeamt des Ortes. Auf einem privaten Markt ist die Regelung ähnlich, doch liegt die Standgebühr pro Quadratmeter meist etwas höher. Informationen erteilt der Bundesverband Deutscher Schausteller und Marktkaufleute in Bonn, Telefon 0228/224026.

Wichtig: frühzeitig anmelden, am besten schon im Sommer, denn die Plätze sind schnell vergeben. Es macht auch Spaß, sich für einen Stand mit Freunden zusammenzutun, so daß man sich stundenweise abwechseln kann.

Weitere Ideen und Termine für den Advent

Eine gute Möglichkeit, berühmte und besonders romantische Weihnachtsmärkte zu besuchen, bietet die Deutsche Bahn mit Sonderreisen an. Bei manchen ist eine Übernachtung im Programm eingeschlossen, so daß ein Wochenende ohne Streß eingeplant werden kann. Spaß macht es nebenbei, in München oder Frankfurt, in Nürnberg, Dresden, Freiburg, Dinkelsbühl oder in einer anderen romantischen Stadt durch die weihnachtlich geschmückte Innenstadt und die Geschäftsstraßen zu flanieren und nebenbei ein paar originelle Geschenke ausfindig zu machen. Prospekte mit Terminen und Informationen können an den Fahrkartenschaltern der Bahnhöfe oder in Reisebüros mit DB-Vertretung erfragt werden.

Lohnende Ziele in der Adventzeit sind für die ganze Familie auch die Freilichtmuseen bzw. Museumsdörfer, die es in den verschiedenen Regionen unseres Landes gibt. Historische Bauernhöfe und Dorfhäuser, alte Handwerkshäuser, Schulen und Mühlen wurden auf ihren angestammten Plätzen abgetragen und in Freilicht-Museumsdörfern in landschaftlich schönen Lagen originalgetreu wiedererrichtet. Hauptsächlich zu Beginn der Adventzeit beleben sich die Häuser. In den Stuben wird musiziert und in den Bauernküchen nach alten Rezepten gebacken. Schnitzer und Weber, Spielzeugmacher und Weihnachtsschmuckhersteller zeigen ihre alte Kunst, und es macht in der stimmungsvollen Umgebung viel Freude, ihnen dabei zuzusehen und natürlich auch zu probieren, was aus den alten Steinbacköfen der Bäuerinnen kommt. Die Adressen einiger dieser Museumsdörfer, in denen die Termine zu erfragen sind:

- Freilichtmuseum des Bezirks Oberbayern an der Glentleiten, An der Glentleiten 4, 82439 Großweil, Telefon 08851/1850
- Museumsdorf Bayerischer Wald, Am Dreibuchensee, 94104 Tittling, Telefon 085o4/40462
- Stiftung Museumsdorf Cloppenburg, Betherstraße 6, 49661 Cloppenburg, Telefon 04471/94840
- Westfälisches Freilichtmuseum Detmold – Landesmuseum für Volkskunde, Krummes Haus, 32760 Detmold, Telefon 05231/7060

- Westfälisches Freilichtmuseum Hagen, Mückingerbach, 58091 Hagen, Telefon 02331/78070
- Schleswig-Holsteinisches Freilichtmuseum, Hamburger Landstraße 97, 24113 Molfsee, Telefon 0431/65555
- Rheinisches Freilichtmuseum Kommern, Landesmuseum für Volkskunde, Auf dem Kahlenbusch, 53894 Mechernich, Telefon 02443/5051 oder 5052

Zu einer wunderbaren Einstimmung in die Weihnachtszeit kann auch der Besuch eines Spielzeugmuseums werden, an dem Kinder und Erwachsene ihre Freude haben. Häufig sind auch Sonderausstellungen zum Thema Weihnachten arrangiert mit Puppen und Teddybären, Puppenstuben und Eisenbahnen und Weihnachtsbäumen, geschmückt im alten Stil. Vor allem Museen in den klassischen Spielzeugregionen wie in Sonneberg in Thüringen oder in Schneeberg und Seiffen im Erzgebirge sind lohnende Ziele. Diese seit Jahrhunderten für die Spielzeugherstellung berühmten Städte putzen sich in der Adventszeit ganz besonders phantasievoll heraus. Berühmte Spielzeugmuseen besitzen auch die Städte München und Passau. Die Adressen einiger wichtiger Museen:

- München: Spielzeugmuseum im Alten Rathausturm am Marienplatz, Sammlung Ivan Steiger, Telefon 089/2711969
- Passau: Spielzeugmuseum Sammlung Ivan Steiger, Residenzplatz, Telefon 0851/34626
- St. Goar am Rhein: Deutsches Puppen- und Spielzeugmuseum Loreley, Sonnengasse 8, Telefon 06741/7270
- Wunsdorf 2 (Steinhude): Spielzeug- und Kinderwelt-Museum, Blumennauerstraße 12, Telefon 05033/2299

- Neustadt bei Coburg: Museum der Deutschen Spielwarenindustrie, Hindenburgplatz 1, Telefon 09568/5600
- Nürnberg: Spielzeugmuseum der Stadt Nürnberg, Museum Lydia Bayer, Siegmundstraße 220, Telefon 0911/2313260
- Rothenburg ob der Tauber: Puppen und Spielzeugmuseum, Hofbronnengasse 13, Telefon 09861/7330
- Sonneberg in Thüringen: Spielzeugmuseum, Beethovenstraße 10, Telefon 0037/6742856

Wer sich besonders für Weihnachtskrippen interessiert, findet nicht nur in Städten mit historischen Krippen wie München und Augsburg lohnende Ziele. Besonders ergiebig ist zum Beispiel eine Krippenrundfahrt durch die Fränkische Schweiz, in der fast jede Kirche in den romantischen Orten ihre Weihnachtskrippe zeigt.

Ein Verzeichnis der Ortschaften und weitere Informationen erhalten Sie über: Tourismuszentrale Fränkische Schweiz, Oberes Tor 1, 91320 Ebermannsstadt, Telefon 09194/7977 79. Sie informiert auch über organisierte weihnachtliche Rundfahrten.

Zeit für die Weihnachtsbäckerei

Wer nicht schon am Tag der heiligen Katharina, am 25. November, mit dem Plätzchenbacken begonnen hat, sollte spätestens in der zweiten Adventwoche daran denken. Denn manche Gebäcke brauchen Zeit, ihr Aroma und ihre Konsistenz zu entwickeln. So die Lebkuchen, die meist hart aus dem Ofen kommen und – in einem Tontopf gelagert – etwas Feuchtigkeit annehmen und mit der Zeit angenehm weich werden.

Je früher gebacken, desto besser schmecken auch Stollen und Strietzel mit ihren reichen Zutaten. Vor allem der Rheinische Christstollen, der im Gegensatz zum Dresdener Stollen ein Marzipanherz enthält, schmeckt erst richtig nach einigen Wochen kühlem Lagern. Angeschnitten wird er am Heiligen Abend, falls er nicht schon in der Adventszeit an einem gemütlichen Nachmittag für einen sachkundigen Test herhalten mußte. Von ihrer Form her sollen diese Gebäcke an das eingewickelte Jesuskind in der Krippe erinnern, so wie auch andere Gebildbrote der Weihnachtszeit. Stollen kann man zwar auch schon ab Oktober fertig kaufen, doch lassen sie sich kaum mit einem selbstgebackenen vergleichen, was sowohl den Geschmack, als auch die Qualität der Zutaten betrifft. Diese besorgt man sich am besten in einem Naturkostladen, wo es sowohl ungeschwefelte Rosinen, Korinthen und Nüsse als auch Mehl aus ökologischem Anbau gibt, das man sich frisch mahlen lassen kann. Auch für Hutzel- und andere Früchtebrote sind hier allerlei natürlich konservierte Trockenfrüchte im Angebot.

Ein altbewährtes Rezept aus Köln:

RHEINISCHER CHRISTSTOLLEN

Zutaten für 3 Stollen:
125 g Butter, 125 g Rindertalg

---

750 g Mehl
100 g Zucker
1 Würfel frische Hefe (42 g)
1/4 l lauwarme Milch
1 Ei, Gewichtsklasse M
die abgeriebene Schale 1 unbehandelten Zitrone
1/2 TL Salz, 1/2 TL gemahlener Zimt
je 1 gute Messerspitze gemahlener Kardamom
und Muskatblüten
2 Päckchen Bourbon-Vanillezucker
100 g gemahlene Mandeln
250 g Rumrosinen, Fertigprodukt
125 g Korinthen
je 50 g gehacktes Zitronat und Orangeat
250 g Marzipan-Rohmasse
<u>Außerdem:</u>
50 g geschmolzene Butter
50 g Puderzucker
2 Päckchen Bourbon-Vanillezucker

Butter und Rindertalg in einem Topf schmelzen und
abkühlen lassen. Mehl in eine große Schüssel sieben,
Zucker darüber geben und in die Mitte eine Mulde
drücken. Hefe in der Milch auflösen, in die Mulde
gießen und alles zugedeckt 20 Minuten an einem warmen Ort gehen lassen. Dann Butter-Rindertalg-Mi-
schung und das Ei zugeben und mit den Knethaken
des elektrischen Handmixers gut unterkneten. Zugedeckt weitere 40 Minuten gehen lassen.
Zitronenschale, Salz, Gewürze, Vanillezucker, Man-

deln, Rumrosinen, Korinthen, Zitronat und Orangeat
gut vermengen.

Den Teig auf der bemehlten Arbeitsfläche gut 10 Minuten kneten und schlagen, damit er schön elastisch
wird. Dann portionsweise die Gewürz-Mandel-Rosi-
nen-Mischung unter den Teig kneten, so daß alles fest
und gleichmäßig eingearbeitet ist. Den Teig in drei
Stücke teilen und jedes rund mit etwa 35 cm Durchmesser ausrollen, so daß der Rand etwas dicker als die
Mitte ist. Das Marzipan in drei Portionen zu 30 cm
langen Rollen formen und in die Teigmitten legen.
Dann jeweils eine Hälfte bis knapp zum Rand überschlagen und die Stollen auf 2 mit Backpapier ausgelegte Bleche legen. Zugedeckt noch 15 Minuten gehen
lassen, dann blechweise auf der mittleren Schiene des
auf 180 Grad vorgeheizten Ofens 50 bis 60 Minuten
backen. Zum Schluß noch heiß mit der flüssigen Butter bepinseln. Puderzucker mit Vanillezucker mischen
und übersieben. Auf dem Kuchengitter abkühlen lassen.

Tip: Diese gehaltvollen Stollen halten sich besonders
lange frisch, bis zu 3 Wochen, wenn man sie in Foli-
enbeuteln aufbewahrt. Gut läßt sich der Stollen auch
einfrieren. Ihn dafür am besten in Portionen schneiden, die man nach Bedarf auftauen kann. Daß dieser
Christstollen auch ganz köstlich außerhalb der Weihnachtszeit zu Tee oder Kaffee schmeckt, versteht sich
fast von selbst.

Christstollen wecken schöne Erinnerungen an die Kinderzeit. Ihr Duft erfüllt die Tage im Advent mit großer Erwartung auf kommende Genüsse. Aber nichts versetzt groß und klein in so wohlige Vorfreude wie das Plätzchenbacken. Und jedes Jahr stellt uns die Planung vor Probleme. Es gibt einfach zu viele dieser traditionellen Köstlichkeiten, und die Frauenzeitschriften offerieren dazu immer noch neue Ideen. Zudem sind die Vorlieben der einzelnen Familienmitglieder zu berücksichtigen. Der eine schwärmt für Elisenlebkuchen, der andere für Heidesand. Und selten steht für jeden von uns nur eine Gebäckart auf der Wunschliste. Da heißt es, klug planen, damit alle auf ihre Kosten kommen. Die Traditionsplätzchen werden häufig nach den von der Mutter auf die Tochter überlieferten Rezepten gebacken, und von Familie zu Familie fallen sie unterschiedlich aus. Das macht neugierig, und deshalb beschenken sich die Frauen auch gerne gegenseitig mit kleinen Kostproben.

Beliebte Traditionsplätzchen:

HEIDESAND

Zutaten für etwa 100 Stück:
300 g Butter
200 g Zucker
1 Päckchen Bourbon-Vanillezucker
1 Prise Salz
500 g Mehl

Butter in einem Topf schmelzen und hellbraun werden lassen. Abkühlen lassen und zugedeckt 1 Stunde in den Kühlschrank stellen. Dann die Butter in einer Rührschüsel mit den Schneebesen des elektrischen Handmixers schaumig schlagen. Zucker, Vanillezucker und Salz unterrühren, das Mehl übersieben und mit den Knethaken zu einem glatten Teig verarbeiten, zum Schluß mit den Händen kneten. Den Teig zu 2 Rollen von 40 cm Länge formen, in Klarsichtfolie wickeln und über Nacht in den Kühlschrank legen. Am nächsten Tag die Folie entfernen, die Rollen in 7 mm dicke Scheiben schneiden und diese mit 2 cm Abstand auf das mit Backpapier ausgelegte Blech legen. Auf der mittleren Schiene des auf 180 Grad vorgeheizten Ofens 15-20 Minuten blaßgelb backen. Erst auf dem Blech etwas abkühlen lassen, dann auf das Kuchengitter setzen.

ZIMTSTERNE

Zutaten für etwa 40 Stück:
2 Eiweiß, Gewichtsklasse M
1 kleine Prise Salz
200 g feiner Kristallzucker, Zucker zum Arbeiten
1 TL Zitronensaft
175 g feingemahlene Haselnüsse

175 g feingemahlene Mandeln
2 gestrichene TL gemahlener Zimt

Das Eiweiß mit dem Salz zu sehr festem Schnee aufschlagen. Dann nach und nach den Zucker unterschla-
gen, bis die Masse glänzt und Spitzen bildet. Zum
Schluß den Zitronensaft zufügen. 3 EL der Baisermasse zugedeckt beiseite stellen. Haselnüsse, Mandeln und Zimt vermischen und nach und nach unter die
Baisermasse rühren. Zugedeckt 1 Stunde im Kühlschrank ruhen lassen. Anschließend den Teig auf der
mit Zucker bestreuten Arbeitsfläche 8 mm dick ausrollen. Mit einem mittelgroßen Förmchen Zimtsterne
ausstechen und mit 1,5 cm Abstand auf das mit Backpapier belegte Blech legen. Die Oberflächen der
Sterne mit der Baisermasse bestreichen und auf der
mittleren Schiene des auf 160 Grad vorgeheizten
Ofens 10-12 Minuten backen. Dabei sollte der Baiser-
guß nur minimal Farbe annehmen. Die Zimtsterne auf
dem Kuchengitter abkühlen lassen.

SPRINGERLE

Zutaten für etwa 40 Stück:
1/4 TL Hirschhornsalz
1 EL Kirschwasser

2 Eier, Gewichtsklasse M
250 g Zucker
250 g Mehl, Mehl zum Arbeiten
die abgeriebene Schale 1/2 unbehandelten Zitrone

Das Hirschhornsalz im Kirschwasser auflösen. Eier
und Zucker mit den Schneebesen des elektrischen
Handmixers aufschlagen, bis sich der Zucker aufgelöst hat und eine dickschaumige Masse entstanden ist.
Das Mehl übersieben, Zitronenschale und aufgelöstes
Hirschhornsalz zugeben. Alles mit den Knethaken des
elektrischen Handmixers zu einem glatten Teig verarbeiten. Mit Klarsichtfolie zugedeckt über Nacht bei
Raumtemperatur ruhen lassen. Am nächsten Tag den
Teig auf einer leicht bemehlten Fläche 8 mm dick ausrollen. Die Springerlemodeln mit Mehl bestäuben und
kräftig auf den Teig drücken, überstehenden Teig abschneiden. Die ausgeformten Springerle mit 1 cm Abstand auf das mit Backpapier ausgelegte Blech klopfen und mindestens 12 Stunden trocknen lassen.
Anschließend im auf 140 Grad vorgeheizten Ofen 15-
20 Minuten backen, so daß die Springerle trocken
sind, aber keine Farbe annehmen. Auf dem Kuchengitter abkühlen lassen.
Tip: Mit Speisefarbe bemalt und einem Loch zum Aufhängen machen sich die Springerle auch sehr hübsch
als Weihnachtsbaumschmuck.

Ein Weihnachtsbaum nach neuestem Trend

Je mehr sich Weihnachten nähert, desto häufiger fallen auf den Wochenmärkten oder den Parkplätzen der großen Einkaufszentren die grünen Oasen mit Weihnachtsbäumen in allen Sorten und Größen auf. Fichten und Tannen, Kiefern und andere nadelige Arten, deren Namen ein sachkundiger Weihnachtsbaumhändler verrät. Gut gewachsen soll der Weihnachtsbaum sein, mit rundum gleichmäßig verteilten Zweigen, nicht zu dünn in der Spitze, aber auch nicht zu kurz. Doch noch läßt er sich nicht normen. Heute werden an einen Weihnachtsbaum schon erhebliche Ansprüche gestellt, wenn er als Repräsentant, als Statussymbol der Familie herhalten muß. Gefragt ist selbstverständlich auch Frische, damit der Baum sich nicht schon am Heiligen Abend schamlos entblößt, indem er zu nadeln beginnt.

Was waren das noch für Zeiten, als das immergrüne Symbol der Weihnacht, des Lebens, nur Baum sein durfte, ein wenig schief oder mit zu viel Durchsicht, weil spärlich bezweigt. Etwa 400 Jahre mögen es her sein, als einige Kinder im Elsaß, so nach einer Überlieferung, den Weihnachtsbaum erfanden. Sie sollten das damals übliche Paradiesspiel, ein sogenanntes Mysterienspiel, aufführen, in dem die Geschichte der Menschheit, angefangen mit Adam und Eva über Jesus von Nazareth bis in das alltägliche Leben hinein erzählt wurde. Für das Paradies mußte, mitten im Winter, ein Baum des Lebens herbeigeschafft werden. Grün waren nur die Nadelbäume, also wurde ein Tannenbaum besorgt und in die Kirche gebracht. Fehlten nur noch die Paradiesäpfel, die auf dem Dachboden für den Winter gehortet wurden und sich einfach in den Baum hängen ließen. Die roten Bäckchen, glänzend poliert, verlockten dann nicht weniger zum Hineinbeißen als damals im Paradies. Für das Licht im Stall von Bethlehem kamen als weitere Requisiten Kerzen an die Zweige des Baumes, und geboren war der erste Christbaum.

Doch es blieb nicht beim Baum in der Kirche, bald stand er auch in den Stuben, und sein Glanz verzauberte alle. Doch mit einem Baum, nur mit Äpfeln und Kerzen und ein paar Kugeln und Sternen als Schmuck, der von Jahr zu Jahr in einer Kiste sorgfältig aufgehoben und über Generationen verwendet wurde, gibt man sich längst nicht mehr zufrieden. »Für feine Leute wurde sein Arrangement zum Sozio-Design in stilvoller Wohnumgebung«, schreibt die Volkskundlerin Ingeborg Weber-Kellermann in ihrer Kultur- und Sozialgeschichte des Weihmachtsbaumes. Und nicht nur die Christbaumschmuck-Industrie versucht, diesen Bedürfnissen nachzukommen, indem sie jährlich auf einer eigenen Messe neue Farben, neue Formen für ein festliches Outfit des Baumes kreiert. Für jedes Jahr geben die Weihnachtsbaum-Designer neue Empfehlungen heraus. Mal bestimmen schrille Bonbonfarben, mal nostalgisches Rot und Silber, mal Gold oder Töne in sanftem Apricot oder Blau den aktuellen Aufputz. Da wird auch neues Flitterzeug ins weihnachtliche Rampenlicht gerückt, kommen ungewöhnliche Formen auf, Bananen und Clowns, Bären und Eistüten, Tennisschläger und Autos, alles aus bunt bemaltem Glas. Nicht nur Buden auf dem Weihnachtsmarkt, sondern auch Geschäfte richten eigene Abteilungen für den Weihnachtsbaum ein, in denen reichlich und teuer eingekauft wird.

Gemessen an diesem kostspieligen Aufwand ist der Baum

selbst noch verhältnismäßig preiswert. 20 bis 25 Mark kostet ein Meter Fichte aus einheimischen Wäldern. Künstliche Christbäume sind auch nicht teurer, doch länger haltbar. Und ein Importbaum kann sich sogar um den eigenen Stamm drehen und dabei »We wish you a merry Christmas« dudeln.

Auch die Städte und Gemeinden lassen sich nicht lumpen, wenn es um den Weihnachtsbaum geht, prunken und protzen sie mit Größe und Lichterglanz. Auf den Bunten Seiten der Tageszeitungen wird über Rekorde berichtet: 22 Meter mißt der Weihnachtsbaum vor dem Hamburger Rathaus, 27 Meter auf dem Petersplatz in Rom, 29 Meter auf dem Marienplatz in München, läßt sich das noch steigern? Sicher, denn bisher gelangte keines dieser Prachtexemplare ins Guinness-Buch der Rekorde. Ein Prädikat als höchste lebende Fichte Deutschlands erhielt lediglich ein 53 Meter hoher und 250 Jahre alter Tannenbaum, der bisher auf keinem Weihnachtsmarkt oder Rathausplatz residiert, sondern seinen Stammplatz im Wald behauptet. Er steht wahrscheinlich noch heute fest verwurzelt im Waldschutzgebiet Hinterhermsdorf in der Sächsischen Schweiz.

Wie es heißt, soll der schönste Weihnachtsbaum der Welt in New York stehen, Ecke West 49th Street/Fifth Avenue, ein Gigant, der ab 6. Dezember besichtigt werden kann. 27 000 Lichter schmücken ihn, verbunden mit sieben Kilometer Kabel, und an die 300 000 Einheimischen und Touristen verfolgen staunend das Aufrichten des Baumes und sein Erstrahlen im Lichterglanz, abgesehen von Millionen von Zuschauern, die das Ereignis am Fernsehschirm erleben. Doch bei all dem Trubel um den Weihnachtsbaum gibt es eine Gegenbewegung, nicht nur von den Naturschützern.

Viele lassen dem Baum sein schlichtes Aussehen, heben seine natürliche Schönheit wieder, wie zu den Anfängen seiner Paradiesbaum-Karriere lediglich durch Kerzen, Äpfel und höchstens einige vergoldete Nüsse und Strohsterne hervor. Auf der Suche nach neuen Sparmöglichkeiten reduzieren auch Städte und Gemeinden die öffentliche Weihnachtsbaum-Präsenz und reduzieren die Zahl der Lichterbäume. Ein Hamburger Förster bietet sogar ein Weihnachtsbaum-Leasing an. Für einen Betrag, den ein mittelgroßer Weihnachtsbaum kostet, können Kunden bei ihm Bäume in Töpfen für die Weihnachtszeit ausleihen. Danach dürfen die Christbäume zurück in den Wald.

Rund um den Heiligen Abend und das Weihnachtsfest

Weihnachten, der 25. Dezember, ist der Tag, an dem die Christenheit die Geburt des Jesus von Nazareth feiert. Die Bindung der Kirche an dieses Datum besteht erst seit etwa dem 4. Jahrhundert und beruht auf langen Berechnungen und Spekulationen. Den Christen der ersten drei Jahrhunderte nach unserer Zeitwende war dieses Datum unbekannt. Und bevor die Geburt Jesu wie in der heutigen Zeit am 25. Dezember gefeiert wurde, war für die Christen im Osten dieser Tag am 6. Januar zu Epiphanias, dem Tag der Erscheinung des Herrn, an dem die Drei Könige nach Bethlehem kamen, um das Kind in der Krippe anzubeten. In der Ostkirche und im Vorderen Orient, wie auch in Griechenland wird deshalb der 6. Januar mit besonderem Gepräge gefeiert und mit einem Aufwand und Geschenken, die an unser Weihnachtsfest erinnern. Viele Gelehrte zerbrachen sich über Jahrhunderte den Kopf über den wirklichen Zeitpunkt der Geburt, stellten kosmische Berechnungen an, suchten nach Hinweisen in den Aufzeichnungen der frühen Historiker. So wird beispielsweise in einer Schrift des Jahres 243 als Geburtstag Christi der 28. März angegeben. In Rom setzte sich im 4. Jahrhundert der 25. Dezember als Geburtsdatum durch, zumal es zuvor die noch heidnischen Römer gewohnt waren, an diesem Tag den Sonnengott zu feiern. Einige Historiker vermuten, daß Kaiser Konstantin der Große ganz bewußt Sonnenkult und Christuskult verbinden wollte. Wie dem auch sei, gefeiert wird Weihnachten immer, bei uns in den letzten Tagen des Jahres, bei anderen zu Beginn eines neuen, und alle, die sich auf das Fest freuen, fühlen dabei die gleiche Freude.

Auch bei uns haften dem Geburtstag des Christkindes noch Mythen an, die auf unsere germanischen Vorfahren zurückgehen. Das Anknüpfen an heidnische Feste sorgte nicht zuletzt auch dafür, daß sich der neue Feiertag schnell im Bewußtsein der Menschen etablierte. Im Jahr 813 erhob die Mainzer Synode den Geburtstag Christi zum allgemeinen Feiertag. Doch die ursprünglichen vier Tage, die das Fest andauerte, schrumpften im 17. Jahrhundert auf die noch heute üblichen zwei Festtage zusammen. So gehört das Fest um die Geburt Christi eigentlich zu den jüngeren Festen der Christenheit, das jedoch auch heute noch in unserem Leben einen fest Platz einnimmt, selbst bei denjenigen, denen die christlichen Inhalte fragwürdig oder gleichgültig geworden sind. Dem Zauber dieses Festes kann man sich schwerlich entziehen. Auch in unserer hektischen, konsumorientierten Zeit vermittelt es noch immer Wärme und Geborgenheit, und es bringt die Menschen wieder etwas näher zusammen.

Zu Weihnachten gehört das Schenken, die liebevoll ausgesuchte und verpackte Gabe. Dieser Brauch scheint ein Urbedürfnis des Menschen zu sein, und Weihnachten betreffend läßt sich dieser Brauch auch aus der Antike, aus dem alten Rom ableiten. Hier war es zum Neujahrsfest üblich, sich gegenseitig reichlich zu beschenken. Und die Germanen hielten es zur Zeit der Wintersonnenwende ebenfalls nicht anders. Was in früherer Zeit als Verehrung der Götter galt, wurde später zum Liebesbeweis gegenüber der Familie und zum Zeichen christlicher Nächstenliebe. Zuerst tauschte man die Gaben untereinander aus. Seit dem 16. Jahrhundert kam der Gabentisch in Mode, von dem vor allem die Kinder profitierten, wie auch heute noch.

Die Bescherung am Heiligen Abend kam jedoch bei uns erst nach dem Zweiten Weltkrieg in Mode. Vorher lagen die Geschenke erst am Weihnachtsmorgen unter dem Christbaum. Zum Weihnachtsfest gehörte natürlich auch die reich gedeckte Festtafel am Heiligen Abend, in verschiedenen Regionen auch erst am ersten Weihnachtstag. Vielfach wurde und wird auf dem Land der 24. Dezember noch als letzter Fastentag betrachtet. Nach dem Gang zur Christmette besteht der eher bescheidene Imbiß in Bayern traditionsgemäß aus Weißwürsten, Brezen und Bier. Im Rheinland kommt Heringssalat auf den Tisch, im Ruhrgebiet gibt es Kartoffelsalat mit Würstchen. Dafür fällt das Festessen im Kreis der Familie, der Verwandten und Freunde am ersten Weihnachtstag besonders üppig aus. Auch heute noch kommen an diesem Tag die köstlichen Traditionsgerichte auf die Tafel, eine knusprige Weihnachtsgans (s. Seite 18f.) oder der Weihnachtskarpfen, der jedoch in manchen Regionen, wie in Franken, schon am Heiligen Abend zubereitet wird.

Und auch die Tiere werden in der bäuerlichen Tradition bedacht und erhalten in der Weihnachtsnacht ein Extraportion Futter. Man sagt, damit sie sich erheben und die Geburtsstunde des Herrn ehren. Den Kindern wurde erzählt, daß man die Haustiere um Mitternacht sogar sprechen hören könne.

Bei manchen Weihnachtsessen kann auch noch Zauberei mit im Spiel sein. Salate mit sieben- oder neunerlei Zutaten, Speisen mit quellenden Zutaten wie Bohnen und Linsen verhießen Reichtum, wie auch der rogenreiche Hering und der körnerreiche Mohnstrietzel. Noch vor der Zeit des Kalorienzählens gab man sich freudig allen Tafelfreuden hin, und so läßt es sich verstehen, warum in manchen Gegenden der Weihnachtstag auch scherzhaft als Dickbauchtag bezeichnet wurde.

Wer nicht selbst in der Küche stehen, sondern sich einmal richtig verwöhnen lassen möchte, kann ein Weihnachtsessen mit allem, was dazu gehört, buchen. Zwischen Weihnachten und Neujahr bieten renommierte Hotels in den Städten und auch auf dem Land Weihnachtsessen mit Hotelaufenthalt an, und das zu günstigen Preisen. Angebote findet man im Lokalteil oder auf den Reiseseiten der Zeitungen.

Weihnachten in den skandinavischen Ländern

In den Ländern des Nordens setzt der Winter schon früh ein. Häufig beschert der Oktober nach dauerhaftem Regen Eiseskälte und bereits die erste dünne Schneedecke. Schon am Nachmittag beginnt die Dunkelheit und will auch sonst kaum weichen. So läßt sich nur zu gut verstehen, daß Weihnachten in Skandinavien noch mehr als andere Feste besonders lange und gründlich gefeiert wird – vermutlich weil die Menschen in Kälte und Dunkelheit ein größeres Bedürfnis nach Wärme und Wohlgefühl haben als die Leute im Süden. Und an Weihnachten ist dann auch der Punkt des Jahres erreicht, an dem mit der Sonnenwende das Licht wieder zunimmt und langsam die Dunkelheit vertreibt. In Skandinavien, vor allem in dünn besiedelten Landesteilen, in der Abgeschiedenheit der im Winter schwer zugänglichen Orte, blieben viele Bräuche bis heute lebendig, vor allem solche, die mit Weihnachten und der Sonnenwende verbunden sind. Man betrachtet sie auch als willkommene Abwechslung im langen, eintönigen Winter.

Finnland und das »kleine« Weihnachtsfest

Zwar beginnt in den Ländern des Nordens – in Finnland, Schweden, Norwegen, Dänemark und Island – nach christlicher Tradition die Weihnachtszeit mit dem ersten Advent. Doch in Finnland nimmt man es nicht so genau. Da beginnt man schon im Oktober mit »kleinen« Weihnachtsfesten, weil schließlich die Wartezeit auf das richtige Fest überbrückt werden muß. Weder mit Geschenken noch mit großen Vorbereitungen ist so ein »kleines Weihnachtsfest« – genannt Pikkujoulu – verbunden. Es ähnelt eher einer Party, die den Erwachsenen als Vorwand dient, an den langen Abenden des auslaufenden Herbstes und beginnenden Winters gesellig zusammen zu sein. Auch die verschiedenen Organisationen arrangieren solche Treffen, wie auch Firmen, Vereine und Hausfrauen-Clubs. Parteien und Gemeindemitglieder unterschiedlicher politischer Interessen begraben in dieser Zeit ihre Differenzen und genießen einen schönen Abend. Eingebunden in die Programme sind Musik oder das Probieren saisontypischer kulinarischer Spezialitäten. Es werden kleine Theaterstücke oder Sketche zur Unterhaltung aufgeführt. Diese »kleinen Weihnachten« bilden einen Teil der finnischen Tradition seit den zwanziger Jahren.

Mit Beginn des Advents setzen dann die wirklichen Vorbereitungen ein und reißen bis Weihnachten nicht mehr ab. Unterbrochen wird das Backen, das Basteln und Geschenkeeinkaufen von allerlei schönen und stimmungsvollen Bräuchen. Der schwedischsprachige

Bevölkerungsteil Finnlands feiert am 13. Dezember den Lucia-Tag. In einen weißen Umhang gekleidet, auf dem Haupt eine Kerzenkrone oder eine Kerze auf einem Tablett tragend, bringt Lucia ihre Gaben. In manchen Orten wurde es auch Sitte, regelrechte Lucia-Umzüge zu veranstalten. Tageszeitungen küren ihre eigene Lucia und stellen sie groß heraus.

Ein Brauch in Westfinnland, vor allem in der Stadt Oulu, sind die Umzüge der »Tierna-Pojat«, den Sternbuben. Gegen Ende des Schuljahres ziehen sie von Haus zu Haus, um auf diese Weise Geld zu sammeln, früher für das kommende Schuljahr. Heute treten die Sternbuben im Verein der Drei Weisen aus dem Morgenland auf und sammeln Geld für gemeinnützige Zwecke. Die Kinderhilfe der Vereinten Nationen UNICEF verwendet auch das Sternbuben-Motiv für ihre vorweihnachtlichen Sammlungen.

Zeitig beginnt die finnische Hausfrau mit dem Plätzchenbacken und der Vorbereitung der Weihnachtsspeisen. An erster Stelle steht das Backen der Piparkakut, der dünnen Pfefferkuchen in Stern-, Herz, Weinachtsmann-, Weihnachtsbaum- oder auch Schweinchenform. Verführerisch duften diese leckeren Plätzchen schon beim Backen, richtig schmecken sie aber erst nach ein paar Wochen. In Dosen aufbewahrt, lagern sie bis Weihnachten und entwickeln ihr köstliches Aroma. Eifrige Familienväter gestalten aus dem gleichen Teig kleine dekorative Pfefferkuchenhäuschen.

Die traditionellen Weihnachtsplätzchen:

72

Piparkakut – Pfefferkuchen

Zutaten für etwa 100 Stück:
125 g Rübensirup
je 1 TL gemahlener Zimt, Ingwer, Gewürznelken
150 g Butter oder Margarine
150 g Zucker
2 kleine Eier
2 EL abgeriebene Orangenschale, unbehandelt
500 g Mehl und Mehl zum Ausrollen
1 1/2 TL Sodapulver (aus der Apotheke)

Den Sirup mit den Gewürzen aufkochen, Butter oder Margarine zufügen und schmelzen. Die Mischung vom Herd nehmen und rühren, bis sie abgekühlt ist. Eier mit Zucker schaumig rühren, die Orangenschale dazugeben. Unter die Hälfte des Mehls das Sodapulver mischen und unter die Sirupmasse rühren. Dann die Eier-Zucker-Mischung und das restliche Mehl untermischen und kneten. Den Teig zu einer Kugel formen und in Folie gewickelt bis zum nächsten Tag kühl aufbewahren. Dann den Teig in Portionen dünn ausrollen und Plätzchen ausstechen.

Das Backblech mit Backpapier auslegen, die Plätzchen darauf im 200 Grad heißen Ofen 10 Minuten backen, auf dem Backgitter abkühlen lassen und in Dosen aufheben.

Auf in die Weihnachtssauna

Mit besonderer Sorgfalt kümmert sich der Familienvater oder Hausherr auch um die Beschaffung des Weihnachtsbaumes. Früher wurde er erst am Morgen des Heiligen Abends im Wald geschlagen. In den Städten und größeren Ortschaften kann man ihn heute auf einem Stand kaufen. In den Bauernhöfen wird er nach alter Tradition noch an der Decke befestigt, mit Leckereien, Fahnenketten und selbstgemachtem Zierat dekoriert, natürlich auch mit Kerzen. Beliebt ist auch ein »Himmeli«, ein kleiner Himmel aus Strohhalmen, der von der Decke baumelt und Weihnachtsstimmung zaubert, während im Fenster ein »Thomaskreuz« aus zwei geschnitzten Leisten oder ein Weihnachtsstern hängt. Mit blühenden Hyazinthen und Maiglöckchen im Topf holt man sich den Frühling ins winterliche Haus. Und endlich, zur Mittagszeit des Heiligen Abends, beginnt offiziell das Weihnachtsfest, wenn um zwölf Uhr nach altem Brauch vom Rathaus in Turku, Finnlands ältester Stadt, der Weihnachtsfrieden verkündet wird.

Nachdem am Nachmittag der Weihnachtsbaum geschmückt wurde, geht es – wie kann es in Finnland anders sein – in die Weihnachtssauna. Alle wichtigen Feste beginnen im Land der tausend Seen mit einem ausgiebigen Saunagang. Nach einer Statistik baden dann zur gleichen Stunde in etwa 1,5 Millionen Saunen etwa 4,9 Millionen Menschen. Die Gesamteinwohnerzahl des Landes beträgt wenig über 5 Millionen. Die Sauna verleiht nach all dem Arbeitsstreß und vorweihnachtlichem Trubel die ersehnte Entspannung. Weihnachtsstimmung stellt sich ein, nicht zuletzt auch durch

den Duft der Birkenbüschel, die zum Sauna-Ritual gehören. Übrigens verbindet sich mit der Festtagssauna zum Tag der Heiligen Drei Könige ein besonderer Zauber gegen die lästige Mückenplage des Sommers. Allerdings wirkt er nur dann, wenn beim Saunagang kein Wort gesprochen wird.

Wo der Weihnachtsmann wohnt

Die Geschenke bringt in Finnland nicht das Christkind, sondern der »Joulupukki«, der Weihnachtsmann. Wußten Sie, daß er im finnischen Teil des Polarkreises zu Hause ist? Daß er im höchsten Berg Finnisch-Lapplands wohnt, im 483 m hohen Korvatunturi, zusammen mit seiner Mutter und den Wichtelmännern? Offiziell residiert er in der Stadt Rovaniemi. Und nicht nur die finnischen Kinder wissen, an welche Anschrift sie ihre Wunschzettel zu senden haben, damit am Heiligen Abend die Geschenke eintrudeln: An das Hauptpostamt des Weihnachtsmannes, FIN-96930 Napapiiri Rovaniemi. Hier kommen alle Briefe an, die sowohl aus dem Inland wie auch aus dem Ausland an den Weihnachtsmann geschickt werden. Alljährlich sind es an die hunderttausend.

Im Postamt sind viele Wichtelmänner damit beschäftigt, die Briefe zu sortieren, in Säcke zu packen und zum Weihnachtsmann zu bringen, damit er sie lesen kann. Für die Briefe der Kinder wurde extra ein Antwortdienst eingerichtet. Eine Ausstellung im Hauptpostamt zeigt jährlich die schönsten und originellsten Kinderbriefe. Das Hauptpostamt des Weihnachtsmannes besitzt auch einen einzigartigen Sonderstempel, der Briefmarkensammler in aller Welt begeistert.

Wer mit dem Weihnachtsmann sprechen möchte, erreicht ihn mit viel Glück sogar per Telefon über die Nummer 0035860/3562157. Die finnischen Marketingstrategen wissen schon, wie sie ihren Weihnachtsmann ins Gespräch bringen. Und so zieht er jährlich Zigtausende von Touristen nach Rovaniemi.

Früher kam der Joulupukki auf einem von Rentieren gezogenen Schlitten, der hoch mit Geschenken beladen war, gefolgt von helfenden Wichtelmännern. Heute bedient er sich moderner Verkehrsmittel. Finnair ist stolz darauf, sich als das »offizielle Transportunternehmen von Santa Claus« bezeichnen zu dürfen und steuert regelmäßig den Flughafen von Rovaniemi an. Hier können die Gäste ab dem 1. Dezember sogar an einer »Weihnachtsmannsafari« mit Auto und Motorschlitten teilnehmen. Zum Programm zählen der Besuch einer Rentierfarm, natürlich ein Treffen mit dem Weihnachtsmann und der Einkaufsbummel in den Geschäften am Polarkreis. Auskunft erteilt die Finnische Zentrale für Tourismus, Lessingstraße 5, 60325 Frankfurt, Telefon 069/7191980.

So viel Aktivität rund um den heiligen Mann und der daraus resultierende wirtschaftliche Erfolg löste bei den Nachbarn ein ganz und gar unweihnachtliches Gefühl aus: Neid. Und so beanspruchen inzwischen fünf Weihnachtsmänner das Recht für sich, als der wahre und einzige zu gelten. In der mittelschwedischen Stadt Mora zeigt sich »Jule-Nisse« auf Weihnachtskarten, und im norwegischen Drubak kommt ein anderer Weihnachtsmann auf einem Rentier daher. Auch Island lüftete ein Geheimnis, nämlich daß der Weihnachtsmann – hier Jolasveinn genannt – in Wirklichkeit in Hveragerdi außerhalb von Reykjavik zu finden ist. Er lebe auf einer Vulkaninsel, weil er in den heißen Quellen seine Gichtprobleme lösen könne, heißt es seitens der Touristikbehörden. Einen besonders repräsentativen Weihnachtsmann hat sich Grönland erkoren und ernannte Südafrikas Präsidenten Nelson Mandela zum »Weihnachtsmann des Jahres«. Sicher werden ihm noch andere in diesem Amt folgen.

Obwohl Finnland heftig interveniert, stehen die Chancen für die konkurrierenden Weihnachtsmänner nicht schlecht, vorausgesetzt, sie beantworten so fleißig Briefe wie bisher der Joulupukki. Denn dieser wird künftig nicht mehr so tief in die Portokasse greifen dürfen. Nur noch 200 000 Antwortschreiben sind ihm künftig gestattet, weil die finnische Post ihr Budget für Briefmarken, Karten und Umschläge in Höhe von 2,5 Millionen Mark nicht weiter überschreiten möchte und kann. Auch der Weihnachtsmann muß den Gürtel enger schnallen. Einer Antwort sicher sein können allerdings Kinder, die gleich frankierte Antwortkarten zum Preis von 10 Mark erstehen – oder es einfach einmal mit einem anderen Weihnachtsmann versuchen.

Finnische Schlemmereien

Mittelpunkt eines finnischen Weihnachtsessens ist ein riesiger Schinken. Er wird schon lange vor dem Fest bestellt. Weder Truthahn noch Gans konnten den Schinken bis heute ersetzen, er ist das A und O der Weihnachtstage und so groß, daß er für viele Mahlzeiten und Gäste reicht. Am begehrtesten sind Schinken von Schweinen, die in den letzten Wochen ihres Daseins hauptsächlich mit Getreide gefüttert wurden. Früher wurde auf dem Land in der Zeit vor Weihnachten geschlachtet, und die Delikatessen, die den Weihnachtsschinken begleiten, sind eine Folge davon, wie auch die Würste und Sülzen. Zum Schinken mit feiner Senfkruste gesellen sich außerdem die verschiedenen Aufläufe wie der Möhren-, Leber-, Rüben-, Kohl- und Kartoffelauflauf. Sie werden zuvor im Ofen gebacken und nach Bedarf aufgewärmt. Es wird vermutet, daß der Schinken auf der Weihnachtstafel ein Überbleibsel einer altnordischen Opfersitte ist, die einst Freia, der Liebes- und Fruchtbarkeitsgöttin, das beste Stück vom Schwein zudachte.

Eine alte Regel besagt, daß zu Weihnachten von allen Speisen, die im Haus zu finden sind, etwas da sein muß. Und so wurden sie in solch großen Mengen zubereitet, daß sie für die ganzen Weihnachtstage reichten, denn früher durfte an den Feiertagen nicht gekocht werden, und das Essen stand bis zum ersten Werktag nach Weihnachten auf dem Tisch, so daß sich jeder, wenn er Hunger verspürte, bedienen konnte. War ein Gericht bis dahin ausgegangen, galt die Familie bereits als veramt.

An diesen Brauch halten sich die schwedischen Hausfrauen auch heute noch gerne, weil es praktisch ist und ihnen Küchenstreß erspart. So kochen sie vor den Festtagen, als gelte es, eine lange Hungerperiode durchzuhalten. Zu Braten und Auflaufgerichten werden vor allem kalte Fischspezialitäten – gebeizter Lachs und Lachspastete, Sild, eingelegte Heringe in verschiedenen Variationen, Weihnachtssalat mit Gemüse und Sild vorbereitet. Dazu wird gerne ein selbstgemachter Beerenwein getrunken, den sich die Familien auch gegenseitig schenken. Den traditionellen Abschluß bildet die Weihnachtsgrütze, die früher aus Gerstenschrot, heute jedoch meist aus Reis zubereitet wird, mit einer Mandel als Glücksbringer für den, der sie findet. Ein traditioneller Nachtisch ist auch ein Kompott oder eine Suppe aus gemischten, getrockneten Früchten.

Aus Tradition und weil er wunderbar schmeckt:

WEIHNACHTSSCHINKEN

Zutaten für 8-10 Personen:
1 gepökelter Schinken von 5-8 kg
2-4 EL selbstgemachter Senf (Rezept s. unten)
2-4 EL Zucker oder brauner Zucker
2-4 EL Paniermehl
Gewürznelken zum Garnieren
Für den hausgemachten Senf:
100 g Senfpulver
100 g Zucker
100 ml Schlagsahne, 3 Eigelb
1 TL Speisestärke
2 TL Essig, 1 Löffelspitze Salz

Den Schinken mit der Schwartenseite nach oben auf einen Gitterrost legen, die Fettpfanne darunter stellen. Ein Bratenthermometer in die Mitte des Bratens stecken, doch nicht in den Knochen. Den Ofen auf 125-150 Grad vorheizen. Den Schinken hineinschieben. Die Bratzeit beträgt pro Kilogramm Schinken 45

---

bis 55 Minuten. Der Schinken ist gar, wenn das Thermometer 77 Grad anzeigt.

Während der Schinken im Ofen brät, den Senf zubereiten. Dazu Senfpulver mit Zucker sorgfältig mischen. Eigelb, Sahne und Kartoffelmehl zugeben und die Masse unter ständigem Rühren bis zum Siedepunkt bringen. Die Masse etwas abkühlen lassen, dann Salz und Essig unterrühren.

Nach der entsprechenden Garzeit den Schinken aus dem Ofen nehmen. Einen Moment ruhen lassen. Den Ofen auf 225 Grad einstellen. Die Schwarte abziehen und die Fettschicht nach Belieben bis auf eine dünne Schicht abkratzen. Senf und Zucker oder braunen Zucker verrühren und den Schinken damit bestreichen. Das Paniermehl aufstreuen und leicht festklopfen. Den Schinken erneut für 10 Minuten in den Ofen schieben, bis die Oberfläche schön braun ist. Den etwas abgekühlten Schinken mit Gewürznelken bestecken. Der Schinken wird warm oder kalt aufgeschnitten und mit Senf serviert.

Tip: Aus dem in der Fettpfanne gesammelten Fond kann man eine schmackhafte Sauce zubereiten. Eine einfache, alte Zubereitungsart ist die Zugabe von Apfelmus, Ingwer und Senf. Der hausgemachte Senf hält sich übrigens wochenlang und schmeckt auch sehr gut zu gebeiztem oder geräuchertem Lachs.

Schweden – Lucia-Braut und Julbock

Schon früh kündigt sich auch in Schweden die Weihnachtszeit an, wenn Ende November sich Gesellschaften aller Art abends in Restaurants zusammenfinden, um sich von einem »Weihnachtstisch« mit köstlichen Leckereien zu versorgen. Bei diesem Buffet handelt es sich um ein normales »Smörgasbord« mit kalten und warmen Speisen, das mit traditionellen Weihnachtsspeisen angereichert wurde. Auch Besucher Schwedens lernten dieses kulinarische Angebot zu schätzen, das die zwischen Deutschland, Dänemark, Schweden und Finnland verkehrenden großen Fährschiffe in der Vorweihnachtszeit ihren Fahrgästen präsentieren.

In den kulinarischen Winter- und Vorweihnachtsbräuchen des Nordens, vor allem Schwedens, spielt der Donnerstag eine besondere Rolle. Nach alten Vorstellungen ist dieser Wochentag dem Gott Donar, auch Thor genannt, geweiht. War der Donnerstag in heidnischer Zeit ein Segenstag, wurde er im nachfolgenden Christentum ins Gegenteil verkehrt und zum Unglückstag. Doch einige Bräuche, deren Sinn heute in Vergessenheit geraten ist, blieben erhalten. So gilt die Erbsensuppe im Winter als das Traditionsgericht des Donnerstags. Denn Erbsen, auch Bohnen und andere Hülsenfrüchte, waren nach altem Glauben die wichtigste Speise der Götter und Geister. Deshalb wurde früher auch nur an Donnerstagen die Hülsenfruchtsaat in den Boden gesteckt. Nach Meinung vieler zählt die schwedische Donnerstagssuppe zu den besten Erbsensuppen, und man sollte nicht versäumen, sie zu probieren, besser noch, sie selbst einmal zuzubereiten. Und als klassischer Nachtisch werden – zur

Freude vor allem der Kinder – »Plättar« gebraten, dünne Pfannkuchen, und mit Preiselbeer- oder Moosbeerkompott oder mit Marmelade gegessen.

Hier die Rezepte:

DONNERSTAGS-ERBSENSUPPE

Zutaten:
gelbe Suppenerbsen
1 EL Salz
1 leicht gepökeltes Eisbein vom Vorderbein, ca. 500 g
3 Zwiebeln
1 Gewürznelke
je 1 TL fein zerriebener, getrockneter Thymian und Majoran
Pfeffer aus der Mühle

Die Erbsen mit 1 EL Salz in reichlich Wasser über Nacht einweichen. Am nächsten Tag Erbsen, Einweichwasser und das Eisbein in einen großen Topf geben, so viel Wasser nachfüllen, daß alle Zutaten bedeckt sind. Alles aufkochen, abschäumen und auf schwache Hitze schalten. Die Zwiebeln schälen, 2 Zwiebeln vierteln und in Streifchen schneiden. Die dritte Zwiebel mit der Nelke spicken, alles in den Suppentopf geben und knapp 2 Stunden sanft kochen, bis Erbsen und Fleisch weich sind. Nach 1 Stunde die Kräuter untermischen. Nach Garzeitende das Eisbein aus dem Topf nehmen, etwas abkühlen lassen, entbeinen und in Scheiben schneiden. Die Suppe nach Bedarf nachsalzen, mit Pfeffer abschmecken.

In jeden Suppenteller etwas Fleisch geben und darauf Suppe gießen. Man kann das Fleisch auch getrennt mit süßem Senf reichen.

Und als Nachtisch dazu:

PLÄTTAR – PFANNKUCHEN

Zutaten:
400 ml Milch
250 g Mehl
Salz
180 g Butter

Eier mit 300 ml Milch und 1 Prise Salz glatt rühren und 30 Minuten stehen lassen. 80 g Butter schmelzen und abkühlen lassen, dann mit 100 ml Milch unter den Pfannkuchenteig rühren. Butter in der Pfanne erhitzen und kleine dünne Pfannkuchen backen. Diese zum Turm aufstapeln und mit Beerenkompott servieren.

Das nahe Fest kündigt sich in den Häusern auch durch den Adventsleuchter an, der oft aus einem kleinen Kästchen mit vier Kerzenhaltern, eingebettet in Moos und Preiselbeerkraut, besteht. Am ersten Sonntag zündet man die erste Kerze an, doch läßt man sie nur bis zu einem Viertel herunterbrennen. Mit dem Anzünden der zweiten Kerze brennt wieder ein Viertel herunter, so daß am vierten Adventsonntag im Schein der übrigen Kerzen der Rest vom Feuer verzehrt wird. Dieser Brauch entstand in Schweden in den 20er Jahren, als auch hier, von Deutschland kommend, der Adventskranz bekannt wurde. Besonders hübsch sind in den Fenstern die Adventssterne anzusehen, seit den 30er Jahren aus rotem Papier, heute oft auch aus Stroh und Holzspänen.

Im Mittelpunkt der weihnachtlichen Ereignisse steht im Land der Schären jedoch das Lucia-Fest am 13. Dezember. Nach mittelalterlichen Berechnungen galt dieses Datum als Tag mit der längsten Nacht. Obwohl später der 21. Dezember dafür errechnet wurde, blieben die Schweden beim 13., denn der Tag gehört auch der heiligen Lucia, der christlichen Lichtjungfrau aus Sizilien, die von den Römern zum Tod auf dem Scheiterhaufen verurteilt wurde. Wie in Schweden erzählt wird, konnten ihr die Flammen nichts antun, züngelten um sie herum und bildeten auf ihrem Kopf eine Lichterkrone. Deshalb gab man ihr mit einem Dolch den Todesstoß.

In der langen, dunklen nordischen Winterszeit wird das Lucia-Fest so ausgiebig wie möglich gefeiert. Es beginnt frühmorgens mit einem reichhaltigen Frühstück, meist ausgerichtet von der als Lucia verkleideten Tochter des Hauses. Dazu trägt sie ein langes, weißes Gewand und eine Krone mit brennenden Kerzen auf dem Kopf. Sie bereitet nicht nur das Frühstück, sondern bringt es den Familienmitgliedern sogar ans Bett. Auf dem Tablett dürfen die typischen Spezialitäten des Festes nicht fehlen, wie »Lussekatter« – übersetzt Lucia-Katzen –, ein Hefegebäck mit Mandeln, Rosinen und Safran in der Form eines Sonnenrades, und Pfefferkuchen. Schon früh am Morgen bringt das Fernsehen Übertragungen von festlichen Lucia-Umzügen. Lehrer und Lehrerinnen, besonders solche von Abschlußklassen, müssen damit rechnen, zwischen vier und sieben Uhr von singenden Schülergruppen geweckt zu werden. Als Trost wird ihnen ein Frühstück serviert. Selbst zu den Nobelhotels Stockholms hat die Heilige schon früh Zugang und weckt die Gäste. In den Schulen und Kindergärten, in den Büros, auf den Dörfern und in allen Städten wird eine Lucia gewählt, und es gibt keinen Zweifel daran, daß dieser Brauch auch im nächsten Jahrtausend lebendig bleibt.

Das besondere Frühstücksgebäck:

LUSSEKATTER – LUCIA-KATZEN

Zutaten für 24 Stück:
350 g Mehl
25 g Hefe, 40 g Zucker
1/8 l lauwarme Milch und 4 EL Milch für den Safran
1 Messerspitze Safran, 1 Prise Salz
1 Ei, 50 g Butter oder Margarine
Mehl zum Formen, Korinthen zum Garnieren
Fett für das Blech

Das Mehl in eine Schüssel sieben und eine Mulde bilden. Die Hefe mit etwas Milch und Zucker verrühren und in die Mulde gießen, mit etwas Mehl vom Rand vermengen und bestreuen. Den Vorteig zugedeckt auf einem warmen Platz gehen lassen, bis die Hefe schaumig wird.

Den Safran in Milch verrühren und mit dem restlichen Zucker, Salz und Ei in die Schüssel geben. Butter oder Margarine schmelzen, abkühlen lassen und darüber gießen. Alles zu einem Teig verarbeiten und so lange schlagen, bis er Blasen wirft und sich vom Schüsselrand löst. Mit einem Tuch bedeckt an einem warmen Platz 30 Minuten gehen lassen.

Auf einer bemehlten Arbeitsfläche aus dem Teig daumendicke, etwa 15 cm lange Rollen formen und zu Schnecken, Brezeln, doppelten und einfachen Spiralen drehen. Das Eigelb verquirlen und die Teigteile damit einpinseln, mit gewaschenen und trockengetupften Korinthen belegen.

Das Backblech einfetten und die Lussekatter mit genügend Abstand auflegen. Im auf 220 Grad vorgeheizten Ofen 15 Minuten backen, auf einem Gitter erkalten lassen.

Wer morgens keine Zeit für ein ausgiebiges Lucia-Frühstück hat und zur Arbeit muß, verlegt das Feiern auf den Abend. Dann läßt sich das Gebäck im vorgeheizten Ofen in 10 Minuten leicht aufbacken und schmeckt wie frisch. Dazu genießt man statt Kaffee »Glögg«, den traditionellen Weihnachtspunsch,

der rundum wohlig warm macht und auch an anderen Abenden nicht zu verachten ist, es jedoch ganz schön in sich hat.

GLÖGG

Zutaten für 4-8 Portionen:
1 l Rotwein, 1 l Muskateller
1/4 l weißer Wermutwein
1 EL Angostura
100 g Rosinen, Schale von 2 Orangenschalen
6 zerstoßene Kardamomkörner
5 Gewürznelken, 1 Zimtstange
1 Glas Aquavit
150 g Zucker
100 g abgezogene ganze Mandeln

Rotwein, Weißwein und Wermut mit den Rosinen, Orangenschale, den Gewürzen über Nacht durchziehen lassen. Am nächsten Tag erhitzen, den Zucker, die Mandeln und den Aquavit hinzufügen und gleich servieren.

Die heilige Lucia erscheint übrigens nicht allein, sondern in einem Gefolge aus 34 Mädchen von fünf bis 15 Jahren, wie die Orgelpfeifen ihrer Größe nach im geordneten Zug. Sie tragen ebenfalls weiße Gewänder und eine brennende Kerze in den Händen. Danach kommt ein Sternjunge, dessen Gewand und spitzer Hut mit goldenen Sternen verziert sind.

Nicht fehlen dürfen am Endes des festlichen Zuges vier Tomte – Wichtel, Kobolde –, die vorzugsweise auf Bauernhöfen wohnen und mit denen man sich gut vertragen muß. Der Glaube an sie stammt aus vorchristlicher Zeit, und man stellte ihnen regelmäßig süßen Brei hin, um sie bei Laune zu halten. Die kleinen Tomte geben heute auch den Jungen die Möglichkeit, am Lucia-Ereignis teilzunehmen. Sie tragen rote Hosen und Pullover, rote Zipfelmützen und in den Händen eine Laterne. Der ehrwürdigste von ihnen trägt eine Maske mit weißem Bart.

Obwohl auf einem Lucia-Fest und im schwedischen Brauchtum der Weihnachtsmann eigentlich eine Fehlbesetzung ist, wird er doch heute gerne empfangen. Er verteilt kleine Geschenke und eröffnet den Weihnachtsbasar und eine Tombola, deren Erlöse wohltätigen Zwecken zukommen.

Während der Weihnachtszeit zaubern vor allem auch Weihnachtssträuße eine stimmungsvolle Atmosphäre. Man stellt sie aus Zweigen der Stechpalme mit ihren roten Beeren, aus Sanddorn, Schneebeere, Vogelbeere und Tannengrün zusammen. Weihnachtssträuße werden im Advent verschenkt und bleiben bis zum Dreikönigstag in der Vase. Diese immergrünen Zweige gelten als Symbol für Lebenskraft und vertreiben böse Geister.

Ein weiteres Requisit der winterlichen Zeit ist das Weihnachtsscheit, auch Julklotz genannt. Es geht auf den Wunsch der Vorfahren zurück, daß das Feuer in den langen, eiskalten Nächten nie ausgehen möge. Der Brauch stammt aus vorchristlicher Zeit, als die Skandinavier, wie auch die Germanen, zu Ehren von Thor ein Winterfest mit Freudenfeuern feierten. Das Sonnenfest hieß Yul oder Haul, was Rad bedeutet

und das Sonnensymbol darstellt. Im Mittelalter war es Brauch, das Scheit zwölf Tage zwischen Weihnachten und Dreikönigstag im Kamin brennen zu lassen. Man scharte sich in seinem Schein zusammen, um zu reden und auch, um alte Feindschaften zu begraben. Wer auserwählt war, den Stamm für das Scheit zu fällen, wurde beneidet, er galt während des ganzen kommenden Jahres als gefeit gegen allerlei Übel.

Für die Vögel wurde auf den Bauernhöfen eine Weihnachtsgarbe gebunden, oder es wurde auf eine Harke eine Getreidegarbe gesteckt und auf den Hof gestellt. Wie überhaupt Stroh und Getreideähren eine wichtige Rolle im schwedischen Weihnachtsfest spielen. Ein Kranz aus Julstroh mit sichtbaren Ähren hängt nicht nur in Schweden, sondern auch in anderen Teilen des Nordens über dem Weihnachtstisch.

Julbock und Julklapp – Geschenke mit Witz

In der Vorweihnachtszeit laufen natürlich auch in Schweden die Vorbereitungen auf das Fest auf Hochtouren. An den »Schaufenster-Sonntagen« füllen sich die weihnachtlich geschmückten Geschäftsstraßen mit Flanierenden. Die Wohnungen werden mit allerlei Weihnachtsschmuck dekoriert, mit Kerzenhaltern, Tischläufern, Wandbehängen, Weihnachtsmännern. Kränze aus Preiselbeer- und Kiefernzweigen zieren die Haustüren. Gefeiert wird Weihnachten am Heiligen Abend mit einer Bescherung und dem traditionellen Weihnachtsessen.

Noch bevor der Weihnachtsmann Schweden erreichte, war es die Aufgabe des »Julbocks« – des Weihnachtsbocks –, die Geschenke zu bringen. Dieses typisch schwedische Weihnachtstier ist auch heute noch meist aus Stroh und oft überlebensgroß. Es soll Thors Ziegenbock darstellen und brachte auf seinem Rücken Geschenke. Heute dient er nur noch als Schmuckgegenstand, denn der »Jultompte«- die schwedische Verkörperung des Weihnachtsmannes – trat an seine Stelle.

Familienmitglieder, Freunde und Kollegen lassen sich in ganz Skandinavien schon kurz vor dem Fest mit dem »Julklapp« beschenken. Bei dieser Sitte sind Witz und originelle Ideen gefragt. Die Geschenke werden sozusagen anonym verteilt, obwohl fast jeder Beschenkte ahnt, von wem er so freundlich bedacht wurde. Oft sind die Gaben in irreführender Größe eingewickelt und mit dem Namen des Adressaten versehen. Der Spender wirft sie ins Zimmer oder in den Flur, nachdem er laut »Julklapp, Julklapp!« gerufen hat, darf sich dabei aber nicht erwischen lassen. Im Paket befindet sich auch Gereimtes, das sich auf das Geschenk und den Beschenkten bezieht. Es wird vorgelesen, der Verfasser bleibt jedoch meist anonym. Das Geschenk kann eine Albernheit darstellen oder auch als eine kleine Lektion dienen. So können zum Beispiel eitle Mädchen einen Blechspiegel finden, Streitsüchtige einen Papphahn. Meist sind jedoch Reime, Lektionen und Geschenke liebenswürdig verfaßt und ausgesucht.

Natürlich schmückt auch in Schweden ein Weihnachtsbaum die gute Stube. Und ein Tanz um diesen weihnachtlichen Mittelpunkt, der erst später nach deutschem Vorbild Sitte wurde, gehört zum Fest. Oft ist er nur mit Papierfähnchen in den Landesfarben geschmückt, doch setzte sich auch

hier immer stärker die Phantasie durch und trägt damit zum bunten Bild des Baumes bei. Getanzt wird, nachdem die Geschenke ausgepackt sind, die vom Julklapp stammen oder unter dem Baum lagen. Der »Tanz um den Weihnachtsbaum« erklingt meist aus dem Radio. Alle fassen sich bei den Händen, singen mit und tanzen oft eine Stunde lang. Der geschlossene Kreis, ursprünglich verbunden mit Magie und Beschwörung, sollte früher böse Geister abhalten, Unheil und Unholde aus Wolkenfernen und Wassertiefen vertreiben. Heute wird der Tanz als fröhliche Bereicherung des Heiligen Abends betrachtet, nach dem man sich – ein wenig aus der Puste gebracht – zu Tisch setzt und alle die aufgedeckten Köstlichkeiten genießt.

Das Weihnachtsessen am Heiligen Abend fällt oft als gewaltiges Buffet aus. Der Tradition nach gibt es Weihnachtsschinken, gepökelt, gekocht oder im Ofen gebacken, dazu Rotkohl mit reichlich Zucker süßsauer geschmort und weitere Speisen wie »Glasmeisterhering«, eingelegte Rote Bete, Fleischbällchen, Bratwürste, Leberpastete oder Stockfisch in Bechamelsauce mit Kartoffeln und grünen Erbsen. Danach wird, wie in Finnland, der traditionelle Reisbrei mit einer Mandel serviert. Klassische Getränke sind Glögg und Mumma, ein Gebräu aus drei eiskalten Flaschen Bier (Porter), mit 2 Flaschen dunklem Bier und 100 ml Madeirawein vermischt. Dazu kommt eine Flasche farblose Zitronenlimonade, damit das Getränk schön prickelt. Danach wird es sofort in großen Gläsern serviert. »Der Geist des Weihnachtsfestes darf das Haus nicht verlassen« heißt es, und so steht auch für Überraschungsgäste immer ein Imbiß aus Honigkuchen und Glögg bereit.

Auch die Nachweihnachtszeit setzt ihre Zeichen. Bis zum Dreikönigstag laden die Kinder ihre Freunde mit einem kleinen Briefchen ein, begrüßen die Gäste an der Haustür und nehmen kleine Aufmerksamkeiten in Empfang. Zuerst wird gegessen, dann ein letzten Mal um den Baum getanzt, der dann geplündert und zum Fenster hinausgeworfen wird. Mit Spielen und Geschenkeangeln vertreiben sich die Kinder die Zeit. Die ergatterten Geschenke stecken in Tüten, und die Gäste nehmen sie mit nach Hause, ohne sie vorher zu öffnen.

Norwegen – im Reich der Trolle

In Norwegen heißt es: »In der Zeit vor Weihnachten darfst du nicht alleine ausgehen.« Und daran sind die Waldtrolle schuld. Wenn schon am frühen Nachmittag die Dämmerung hereinbricht, beginnen sie, ihr Terrain zurückzuerobern, das sie erst wenige Stunden zuvor an das Tageslicht verloren hatten. Schon im fahlen Licht kann sich jeder Baum, jeder Strauch oder Fels in einen dieser häßlichen Trolle verwandeln, die das Land insgeheim beherrschen. Allerdings weiß man auch, daß die bärenstarken, teils riesengroßen Fabelwesen sich sehr behäbig und geradezu tolpatschig bewegen, daß sie so langsam sind, daß es, wenn ein Troll einem anderen etwas zuruft, an die hundert Jahre dauern kann, bis dieser antwortet. Doch im Winter erwacht die ganze Bosheit, derer die Trolle fähig sind. Sie werden so alt, daß auf ihnen Bäume wachsen können. So weiß man auch nie, ob zum Beispiel bei einem Ausflug in den Wald sich nicht überraschend

ein Troll in den Weg stellt. Um sie zu vertreiben, leuchtet mit Beginn der Dunkelheit aus vielen Wohnstuben ein heimeliges Licht. Und absichtlich hängen an den kleinen Fenstern der Bauernhäuser keine Vorhänge, so daß auch im engeren Umkreis die Finsternis gebannt ist. Nach altem Glauben müssen hier, in Menschennähe, die Trolle ihre Herrschaft den Nissen überlassen. Das sind die etwa bierkruggroßen Hausgeister, freundliche Kobolde, die im Stall oder in der Scheune wohnen, für die Tiere und damit für den ganzen Hof sorgen. Der Nisse ist ein kleiner, freundlicher Kerl, kann aber auch Schabernack treiben, wenn man ihn nicht gut behandelt. Er bekommt in der Weihnachtsnacht einen Krug Bier und ein Schüsselchen mit Weihnachtsgrütze hingestellt, die er, wie die Kinder glauben, zusammen mit der Hauskatze verzehrt. Und solange die Bauern in der Weihnachtsnacht daran denken, sind ihnen die Nisse freundlich gesinnt. Doch wehe, einer vergißt es, dann kann er sich auf einen Racheakt gefaßt machen. Ein wohlgesättigter, zufriedener Kobold zeigt sich in der Weihnachtsnacht als »Jule-Nisse« erkenntlich und belohnt seine Wirte mit Geschenken. Dafür leiht er sich das Kostüm unseres Weihnachtsmannes aus und wird so zu einer drolligen Erscheinung aus Wichtelmann und Bischof. Wie das aussieht, zeigen in der Vorweihnachtszeit die Schaufensterdekorationen in den hellerleuchteten Geschäftsstraßen. Allerdings sind hier die Jule aus Kunststoff und Plüsch und besitzen kaum etwas Geheimnisvolles. Jule-Nissen gibt es auch auf Weihnachtskarten, Tischdecken und Weinachtskalendern, oft mit rotem Kittel und Zipfelmütze bekleidet.

Schlemmen mit Julebord und Jule-Aquavit

Wie in Schweden und Dänemark, genießt man auch in Norwegen schon in der Vorweihnachtszeit das »Julebord«, ein reichhaltiges Weihnachtsbuffet, zu dessen Genuß man sich feingemacht mit Freunden trifft. Der heidnische Ursprung, das Fest und das festliche Tafeln zur Sonnenwende, die nahrhaften Opfergaben, die man damals den Toten darbrachte, jedoch letztendlich selbst verspeiste, liegen den heutigen kulinarischen Treffen zugrunde. In Oslo und in anderen Städten wetteifert die Gastronomie mit verlockenden Angeboten. Fischspezialitäten mit Lachs, Hering, Kabeljau und Makrele, Salate aus Rote Bete, Kartoffeln und Möhren, leckere Plinsen aus Kartoffeln, Braten von Reh oder Elch, würziger Ziegenkäse und Rahmwaffeln bereichern die Speisekarten. Zu den ländlichen Genüssen in der Weihnachtszeit und am Fest selbst zählen Lamm und gesalzenes Schweinefleisch, süßsaures Kraut, Graupensuppe, Kartoffelgerichte und solche mit Steckrüben – die wegen ihres hohen Vitamin C-Gehaltes auch »Apfelsinen des Nordens« genannt werden – und vor allem auch Kabeljau in verschiedenen Variationen, wobei er, überbacken, besonders lecker ist.

Überbackener Kabeljau

Zutaten für 4 Portionen:
800 g Kabeljaufilet
Saft von 1/2 Zitrone
Salz, 2 Zwiebeln

---

120 g Knollensellerie, 250 g Möhren
1 Stange Porree
60 g Butter, 1/8 l Brühe
1/8 l Schlagsahne
Pfeffer, 1 Bund Petersilie
2 EL Semmelbrösel, 2 EL geriebener Käse
20 g Butter zum Belegen

Den Fisch kalt abspülen, trockentupfen und mit Zitronensaft beträufeln. Dann mit etwas Salz bestreuen. Die Zwiebeln schälen und kleinwürfeln, das übrige Gemüse putzen, waschen und in Würfel oder Streifchen schneiden. Mit der Brühe 10 Minuten sanft vorgaren, abtropfen lassen und in einer ofenfesten Form verteilen. Den Fisch darauf legen, mit gehackter Petersilie, Semmelbröseln, Reibkäse und Butterflöckchen belegen. Im auf 180 Grad vorgeheizten Ofen 30 bis 35 Minuten backen, mit Kartoffeln servieren.

Sieben Sorten Plätzchen – der magischen Zahl wegen – bilden nicht selten das süße Sortiment zum Naschen. Begleitet werden alle diese Köstlichkeiten von »Juløl« -dunkles, kräftiges Weihnachtsbier – und Jule-Aquavit, der besonders sorgsam gebrannt und gelagert wurde, so daß er – eiskalt getrunken – herrlich ölig durch die Kehle rinnt und jede Kälte vertreibt und auch jeden, noch so unheimlichen Troll.

N℥✿❀☆❅❄❆☃❉❊❋❦❧✾❀N℥

Dänemark und Island – Lillejulaften und Koboldmutter Gryla

Mit »Lillejulaften« – auf deutsch »kleiner Weihnachtsabend« – beweist Dänemark, wie gut man das Weihnachtsfest auch ohne Hast organisieren und begehen kann. Zum vorbereiteten kleinen Weihnachtsabend trifft man sich am Nachmittag des 23. Dezembers mit Freunden, Nachbarn, Familienangehörigen, die spätestens an diesem Tag zum Fest angereist kommen. Da setzt man sich erst zu einem gemütlichen Teestündchen zusammen, an dem die Ergebnisse weihnachtlicher Backkunst probiert werden: so auch Braune Kuchen, die würzigen Plätzchen, und die berühmten dänischen Apfelküchlein, eine Mischung aus festem Pfannkuchenteig und feingewürfelten Äpfeln, die im heißen Fett knusprig und zugleich zart ausgebacken werden. Zum frühen Abendessen kommen eine Fischsuppe und eingelegter Hering mit Schwarzbrot auf den Tisch. Dabei wird das Programm für die Weihnachtstage geplant und die Vorbereitungen für das Schmücken des Weihnachtsbaumes getroffen.

Typisch dänisch:

BRAUNE KUCHEN

Zutaten für etwa 100 Stück:
250 g Butter oder Margarine
200 g Zucker, 125 g Ahornsirup
75 g geschälte, gehackte Mandeln

---

75 g kleingewürfeltes Zitronat
1/2 TL gemahlene Nelken
2 TL gemahlener Zimt
1/2 TL gemahlener Ingwer
1 gestrichener TL Pottasche
500 g Mehl
Fett für das Backblech

Butter oder Margarine mit Zucker und Sirup aufkochen, vom Herd nehmen und Mandeln, Zitronat und die Gewürze unterrühren. Die Pottasche in 2 EL heißem Wasser auflösen und unter die Masse rühren. Diese abkühlen lassen. Das Mehl darüber sieben und unterkneten. Aus dem Teig 2 Rollen von 5 cm Durchmesser formen, in Folie wickeln und 2 Stunden im Kühlschrank ruhen lassen. Zwischendurch nochmals rund rollen, da sie durch das Liegen oval werden.

2 Backbleche einfetten. Folie entfernen, die Teigrollen in 5 mm dünne Scheiben schneiden, mit 1 cm Abstand auf das Backblech legen. Die Plätzchen im 200 Grad heißen Ofen auf der Mittelschiene 8-10 Minuten backen, vorsichtig mit einem breiten Messer vom Blech nehmen und auf dem Kuchengitter kalt werden lassen. Dann in eine Blechdose schichten und eine Woche durchziehen lassen.

Reisbrei und Sammelteller

Wie in anderen skandinavischen Ländern gehört auch zur dänischen Weihnacht der Reisbrei, ja, er führt die Speisenfolge am Heiligen Abend sogar an. Eine Mandel versteckt sich darin, und wer sie findet, hat außer Glück im kommenden Jahr auch noch ein Mandelgeschenk zu erwarten, zumindest ein Marzipanschwein oder einen anderen Glücksbringer. Aus diesem Brauch entwickelte sich sogar eine Sammelleidenschaft, denn gegessen wird der Reisbrei aus besonderen tiefen Tellerchen mit speziellen Breilöffeln. Beide wurden zu Sammelgegenständen in der Gestalt der berühmten blauen Weihnachtsteller und der Silberlöffel, die jedes Jahr mit neuem Dekor herauskommen. Der erste Weihnachtsteller aus dem Jahr 1895 ist von Bing und Grøndahl in Kopenhagen und in dem tiefen, inzwischen berühmten Kobaltblau hergestellt, das auch die darauf folgenden Teller kennzeichnet.

Der erste silberne Weihnachtslöffel aus Sterlingsilber wurde 1898 zum 80. Geburtstag von König Christian IX. vom dänischen Silberschmied N. C. Dyrlund entworfen und war ein solcher Erfolg, das er den Anstoß für die Weihnachtslöffel gab. Der erste kam 1910 heraus und hieß »Stern von Bethlehem«. So beschert sich Dänemark alle Jahre wieder einen silbernen Löffel, immer aus Sterlingsilber (925 Teile Silber mit 75 Teilen Messing legiert) und immer nach dem Entwurf eines berühmten dänischen Designers. Die Löffel sind am Griff reich und schön verziert. Die Ideen für die Motive gehen auf skandinavische Weihnachtsbräuche, -legenden und Märchen zurück, wie das »Mädchen mit den

Schwefelhölzchen«, wie der Julbock, Sankt Nikolaus, Jule-Nisse, Lucia-Braut und andere sagenhafte Gestalten.

Dem Reisbrei folgt ein Schweinebraten oder eine Gans oder Truthahn, bevorzugt gefüllt mit Äpfeln und Dörrpflaumen gefüllt und mit Moosbeerenkompott serviert. Glasierte Kartoffeln und ein würziger Rotkohl und Preiselbeeren begleiten die herzhaften Braten.

Nach dem Essen werden die Kerzen am Weihnachtsbaum angezündet, man tanzt um ihn herum, singt alte Weihnachtslieder und macht sich danach an das Auspacken der Geschenke. Mit einer schönen Sitte, mit »Julhöf« – was sich mit »Julhäufchen« übersetzen läßt – aus Honigkuchen und Glögg beginnt der erste Weihnachtstag. Jeder findet auf seinem Frühstücksteller einen kleinen Festimbiß aus einer schön zurechtgeschnitenen Scheibe Roggenbrot. Darauf liegt ein Hefekranz oder eine Hefeschnecke, betreut mit Zucker und gehackten Mandeln, darauf liegt ein Safranbrötchen mit Rosinen, ein Brauner Kuchen in Herzform und auf der Spitze dieses leckeren Turmes ein blankgeriebener roter Apfel.

Aus Gruselgestalten wurden witzige Kobolde

Einst kursierte im rauhen, geheimnisvollen Island mit seinen oft von sich reden machenden Naturgewalten die Geschichte der Berghexe Gryla und ihren dreizehn Söhnen. Sie geht auf das 17. Jahrhundert zurück, als Gryla und ihr Mann Leppaludi alle unmöglichen grausigen Taten verübten. Darin standen ihnen auch ihre dreizehn bösen Söhne kaum nach. Es wird erzählt, daß sie sich die unartigen Kinder schnappten und in ihre dunklen Behausungen im Gebirge verschleppten. Die Angst der Kinder, daß ihnen so etwas passieren könnte, muß damals furchtbar gewesen sein. Und so funktionierte man mit der Zeit vor allem die Söhne ein wenig um. Sie wurden zu witzigen Weihnachtskobolden, die zwar den Ruf hatten, arge Plagegeister zu sein, mit den Menschen allerlei Schabernack zu treiben, doch ihnen nicht mehr ernsthaft schadeten. Und das wichtigste: Sie bringen den Kindern die Weihnachtsgeschenke. Dreizehn Tage vor Weihnachten macht sich der erste Kobold auf den Weg zu den Menschen, und jeden Tag gesellt sich ein weiterer zu ihm. Zum Schluß, wenn alles abgeliefert wurde, sammelt die Koboldmutter Gryla die Söhne wieder ein und führt sie zurück in die Berge. Vor Gryla selbst wird jedoch auch heute noch gewarnt. Sie ist wie eh und je ein finsteres Wesen, vor dem man sich in acht zu nehmen hat.

Mit den dreizehn Weihnachtsmännern von Island kann sich sonst kein Land messen. Und so feiert man im Land der Vulkane und Geysire das Fest der Feste mit gebührendem Aufwand. Da wird auch schon vor den Feiertagen was das Zeug hält gebacken, vor allem leckere Plätzchen wie die Kardamom-Monde, dem Gewürz, das früher zu den teuersten im hohen Norden zählte. Ähnliche Speisen wie bei den nordischen Nachbarn werden aufgetischt, angeführt von dem in ganz Skandinavien beliebten Reispudding. Und immer mehr Gäste vom Festland treffen vor den Feiertagen ein, die hier und in den anderen skandinavischen Ländern Weihnachten auf schönste Art erleben möchten.

ISLÄNDISCHE KARDAMOM-MONDE

Für etwa 50 Stück:
300 g Mehl, Mehl zum Arbeiten
1/2 TL Backpulver, 1/2 TL Hirschhornsalz
100 g Zucker, 1 Prise Salz
1 1/2 TL gemahlener Kardamom
150 g Butter oder Margarine
2 Eier, Gewichtsklasse M
300 g Pflaumenmus, Milch zum Bestreichen

Mehl und Backpulver auf die Arbeitsfläche sieben. Hirschhornsalz, Zucker, Salz, Kardamom und die Butter oder Margarine in Stückchen darüber geben. In die Mitte eine Mulde drücken und die Eier hinein geben. Alles mit einem großen Messer grob durchhacken, dann mit den Händen zu einem glatten Teig verkneten. In Klarsichtfolie gewickelt 2 Stunden in den Kühlschrank legen. Dann auf der bemehlten Arbeitsfläche 4 mm dünn ausrollen und Kreise von etwa 6 cm Durchmesser ausstechen. In die Mitte der Kreise je 1/2 TL Pflaumenmus geben und die Teighälften zu Halbkreisen überschlagen. Die Ränder mit der Gabel festdrücken und die Monde mit Milch bepinseln. Mit 2 cm Abstand auf das mit Backpapier belegte Blech legen und auf der mittleren Schiene des auf 200 Grad vorgeheizten Ofens 10 bis 15 Minuten backen. Auf dem Kuchengitter abkühlen lassen.

Weihnachten in südlichen Ländern

Ob in Spanien und auf den Kanarischen Inseln, in Portugal und auf Malta, in Italien oder in Griechenland: rund ums Mittelmeer und am Atlantik zählt Weihnachten – und vor allem das Fest der Heiligen Drei Könige – am 6. Januar zu den Höhepunkten des Jahres. In einigen Regionen wird still und verhalten gefeiert, ähnlich wie im nördlichen Europa, in andern temperamentvoll mit farbenfrohen, bejubelten Umzügen, wie in Spanien am Dreikönigstag. Überall ranken sich alte Bräuche um die Feste des zu Ende gehenden alten und beginnenden neuen Jahres. Und die Hausfrauen und Köche sind vollauf damit beschäftigt, alle die der festlichen Zeit vorbehaltenen köstlichen Spezialitäten und traditionellen Gerichte zu bereiten.

Spanien – fröhlich feiern mit Gesang, Tanz und Umzügen

Das spanische Weihnachtsfest trägt viele unverwechselbare Züge. In der Tat ist es das wichtigste Fest Spaniens, eine Fiesta, die zwölf Tage dauert. Mit Gesang,

Tanz und Festlichkeiten aller Art wird die Geburt des Jesuskindes vom 25. Dezember bis Epiphanias, dem Tag der Erscheinung des Herrn am 6. Januar, gefeiert.

Unverkennbar ist, vor allem bei der Musik im Süden und auch den Speisen, ein orientalischer Einschlag, der an das Erbe der Mauren erinnert. Mit dem Schneeweiß des winterlichen Nordens können sich die weißen Häuser der andalusischen Dörfer an einem sonnigen Dezembertag durchaus messen. Dann ist die Luft oft so klar, daß man über das Meer hinweg die schneebedeckten Gipfel des Rifs, dem nördlichsten Bogen des marokkanischen Atlasgebirges, ausmachen kann.

Statt mit einem Tannenbaum in der warmen Stube, wird hier das Weihnachtsfest auf einer Terrasse in milder Luft unter rot blühenden Poinsettiebäumen gefeiert, riesigen Weihnachtssternen, die bei uns zu dieser Zeit in Blumentöpfen verkauft werden. Und die Musik, die erklingt, ähnelt kaum den feierlich getragenen Weihnachtsliedern Nordeuropas. Es sind vor Fröhlichkeit übersprudelnde spanische Weisen wie »Arre burriquito – Los, mein Eselchen, wir ziehen hin nach Bethlehem!« Begleitet werden diese Lieder von Trommeln und Schellen, von Mörsern und Stößeln aus Kupferblech. Ein eigenartiges, trommelförmiges Gebilde ist die »Zambomba«. Durch das gespannte Trommelfell wird ein Stab im Takt auf und ab gezogen und erzeugt tiefe Brummtöne, die den Gesang eigenwillig begleiten. Die Kinder ziehen schon in den Tagen vor dem Fest singend und tamburinschlagend vom Nachmittag bis in den Abend durch die Straßen von Tür zu Tür und tragen ihr Repertoire vor. Als Belohnung bekommen sie Süßigkeiten.

Obwohl sich in vielen Familien inzwischen ein überladen geschmückter Weihnachtsbaum einen Platz erobern konnte, steht doch nach wie vor die Weihnachtskrippe im Mittelpunkt und nimmt am Heiligen Abend im Wohnzimmer einen Ehrenplatz ein. Maria und Josef, das Jesuskind, die Hirten mit ihren Schafen werden liebevoll aufgestellt. Die Heiligen Drei Könige aus dem Morgenland rücken dann dem Stall jeden Tag ein Stückchen näher.

Für das Fest liebäugeln die eher sparsamen spanischen Hausfrauen plötzlich mit ausgefallenen Delikatessen. Gewaltige Mengen Austern, Langusten und Hummer werden auf den Märkten eingekauft. Truthähne, Kapaune, Enten, ganze Schweinehälften und Lämmer finden reißenden Absatz. Schaumweine und Liköre werden nach Hause geschleppt. Weihnachtsgebäck geht in 5-Kilogramm-Packungen über die Ladentheken. Doch obwohl man alle Gebäckspezialitäten, wie auch bei uns, fertig kaufen kann, werfen sich viele Hausfrauen noch selber mächtig ins Zeug und backen wie die Weltmeister oft einen ganzen Monat lang unter Mithilfe der ganzen Familie. Zubereitet werden, vor allem im Süden zum Verschenken, große Mengen von »Pan de higo«, gut gewürztes Feigenbrot, das an deutsches Hutzelbrot erinnert. Bei der mühseligen Arbeit – das Mischen und Kneten erfordert viel Kraft – helfen sich die Nachbarinnen oft gegenseitig und nutzen die Zusammenkünfte auch, um nach Herzenslust zu Plaudern. Weihnachten wird nicht nur fröhlich, sondern vor allem auch überall üppig gefeiert.

»Cena de nochebuena«, das festliche Essen am Heiligen Abend, wird in den meisten Familien vor dem Gang zur Mitternachtsmesse eingenommen. In freudiger Erwartung setzt sich die ganze Familie an die festlich geschmückte Tafel. Natürlich werden in den verschiedenen Regionen unterschiedliche Gerichte aufgetragen. So beginnt das Weihnachtsmahl in Galicien, am Atlantik, mit gekochtem geräucherten Vorderschinken und einem Gemüse aus Steckrübenstengeln. In Katalonien serviert man als Auftakt »Escudella«, eine Art Fleischbrot in einer Brühe mit vielen Zutaten. Weit verbreitet ist ein Weihnachtsmenü mit Fisch, zum Beispiel im Ofen gebackene Meerbrasse, gefolgt von einem Truthahn, mit Dörrfrüchten, Nüssen, Fleisch und Wurst herzhaft gefüllt. Aus Amerika mitgebracht, ist er in Spanien seit dem 16. Jahrhundert heimisch. In den andalusischen Dörfern bringen ihn die Hausfrauen, fertig gefüllt, noch heute oft zum Dorfbäcker, der ihn in seinen großen Steinofen schiebt. Im Süden wird das Federvieh jedoch auch gerne zerlegt und mit einer Mandelsauce »en pepitoria« zubereitet. Auch Huhn schmeckt nach dem gleichen Rezept köstlich. Als traditionelle Nachspeise wird eine Mandelsuppe serviert, gefolgt von Weintrauben, Marzipan und Turron, einem Mandelnougat. Das mit Speisefarbe getönte Marzipan hat meist die Form von Figürchen oder Blüten und Früchten.

POLLO EN PEPITORIA – HUHN MIT MANDELSAUCE

Zutaten für 4 Personen:
1 küchenfertiges Masthähnchen, 1,3 kg
Salz, Pfeffer aus der Mühle
300 g Schalotten
3 Lorbeerblätter, 1/2 Bund glatte Petersilie
6 EL kaltgepreßtes Olivenöl
1/4 l trockener Weißwein, 150 ml Hühnerbrühe
3 Eier
50 g geschälte, gemahlene Mandeln
30 g ganze geschälte Mandeln
1/2 Tütchen Safran
2 Knoblauchzehen

Das Hähnchen außen und innen kalt abspülen, trockentupfen und in 8 Stücke schneiden. Die Fleischteile mit Salz und Pfeffer einreiben. Die Schalotten schälen. Die Petersilie waschen und hacken. 4 EL Öl in einem Schmortopf gut erhitzen und die Hähnchenteile rundum goldbraun anbraten. Schalotten, Lorbeerblätter und die Hälfte der Petersilie dazugeben und kurz mitbraten. 1/8 l Wein zugießen und nach und nach verdampfen lassen. 125 ml Brühe zugießen, den Deckel auflegen und das Fleisch bei sanfter Hitze 45 Minuten schmoren. Das Fleisch gelegentlich wenden und den restlichen Wein zugießen.

Die Eier hart kochen, abschrecken und pellen. Das Eiweiß hacken. Das Eigelb mit dem restlichen Öl, den

gemahlenen Mandeln und Safran in den Mörser geben. Knoblauch schälen, durch die Knoblauchpresse
drücken und zufügen. Alles mit der restlichen Brühe
zu einer Paste verarbeiten.

Die Mandeln ohne Fett hellbraun rösten. Fleisch und
Schalotten aus dem Fond heben und auf einer Platte
warm halten. Das Fett vom Fond abschöpfen und weg-
gießen. Die Mandelpaste in den Fond rühren und erhitzen, auf das Gericht geben und mit Mandeln, Eiweiß und Petersilie bestreuen.

Tip: Dazu Reis reichen.

Eine Bescherung der Kinder erfolgt in Spanien weder zum
Nikolausfest noch am Heiligen Abend oder Weihnachtsmorgen. Doch dürfen sich die Kinder kleine Geschenke
aus der »Urne des Schicksals« herausholen, die bis zum
Rand mit vielen winzigen eingewickelten Geschenken ge-
füllt ist, unter denen sich aber auch Nieten befinden. Jeder
darf so lange suchen, bis er ein richtiges Geschenk er-
wischt hat. Die »Urne des Schicksals« wird am Heiligen
Abend nach dem Essen auf den Tisch gestellt. In manchen
Familien ist es Sitte, auch ein paar kleine Gaben, die die
Namen der Kinder und der Erwachsenen tragen, in die
Urne zu geben.

Nach dem Essen geht die Familie zur Mitternachtsmesse,
und die Feier der Geburt des Christkindes verläuft bei
Glockengeläute und Weihnachtsliedern. Die ausgelassene
Stimmung der »Pastores« – der Sternsinger –, die durch den
Ort ziehen, hält bisweilen bis zum Morgengrauen an.

Während der Feiertage herrscht in der Familie ein ständiges Kommen und Gehen von Nachbarn, Verwandten und Freunden. Auf dem Tisch steht daher immer griffbereit ein Sortiment mit süßem Malagawein, Anislikör oder Brandy, aber auch ein Teller mit Süßigkeiten, zum Beispiel »Roscos« – mit Wein getränkte Weihnachtskrapfen – oder »Almendrados«, ein leckeres Mandelgebäck.

ALMENDRADOS – MANDELMAKRONEN

Zutaten für etwa 45 Stück:
500 g ungeschälte Mandeln
3 Eier
100 g Zucker, 300 g Puderzucker
1 TL gemahlener Anis
1 gute Messerspitze gemahlener Zimt
Backpapier für das Blech
etwas Öl für die Hände

Die Mandeln in der trockenen Pfanne anrösten und abkühlen lassen, in der Mandelmühle mahlen oder im Blitzhacker fein zerkleinern. Die Eier in Eigelb und Eiweiß trennen. Das Eigelb schaumig schlagen, Mandeln, den gesamten Zucker und die Gewürze untermischen. Das Eiweiß sehr steif schlagen und unterziehen. Das Backblech mit Backpapier auslegen. Mit leicht eingeölten Händen aus dem Teig kleine Bälle von 4 cm Durchmesser formen und in großen Abständen auf das Blech legen. Die Bällchen in der Mitte des auf 220

Grad vorgeheizten Ofens 15-20 Minuten backen. Sie sollen sich nicht zu dunkel färben. Sofort nach dem Backen vom Papier lösen und auf einem Backgitter erkalten lassen. Das Gebäck in einem Steinguttopf aufheben.

Ein besonderer Tag ist das Fest des heiligen Innocent am 28. Dezember, ein »verrückter« Tag, der ein bißchen unserem 1. April ähnelt. Dann darf jeder aufs Glatteis geführt werden, enthält die Zuckerdose vielleicht plötzlich Salz, laufen die Leute mit aufgeklebten lustigen Sprüchen oder Karikaturen auf den Rücken herum, von denen sie selbst nichts ahnen und erst durch das Schmunzeln der anderen aufmerksam werden.

Sehnlichst erwartet, vor allem von den Kindern, ist der Tag der Heiligen Drei Könige, der 6. Januar. Denn dann gibt es die richtigen Geschenke. An diesem letzten Tag der Weihnachts-Fiesta geht es noch mal hoch her. Durch die festlich geschmückte Hauptstraße jeder größeren Stadt zieht am Abend des 5. Januar eine Art Parade mit den prächtig gekleideten Heiligen Drei Königen auf Kamelen oder Pferden, oder auf Prunkwagen thronend. Den Zug führt Melchior mit weißem Haar und Bart an, gefolgt von Caspar mit braunem Haar und Bart. Als dritter König, bartlos, mit prächtigem Turban und goldenem Gewand läßt sich der schwarze Balthasar sehen. Die Tiere und die geschmückten Wagen tragen große, in farbiges Papier eingewickelte Pakete – die Geschenke. Am Straßenrand jubeln die Kinder den lächelnden und winkenden Königen zu, die Süßigkeiten in die Menge werfen. Und jedes Kind hat seinen Lieblingskönig. Schon Tage vorher haben die Kinder ihre Wunschzettel an »Ihre Majestäten, die Könige aus dem Morgenland« verfaßt, die etwa so lauten: »Liebe Könige, da ich im vergangenen Jahr sehr brav war, würde ich mich sehr freuen, wenn Du mir den folgenden Wunsch erfüllen könntest . . .« Abgegeben wird der Brief beim »Königlichen Postmann«, der seine Station während der Weihnachtszeit oft in einem der großen Warenhäuser aufgebaut hat. Nach dem Umzug der »Reyes« – der Könige – gibt es allerdings für die Kinder noch eine Menge zu tun. Sie eilen nach Hause, um vor dem Zubettgehen noch die Schuhe blank zu putzen und von jedem Familienmitglied ein Paar Schuhe auf den Balkon zu stellen. Dann müssen im Wohnzimmer auf dem Tisch noch drei Gläser und eine Flasche Anislikör oder Brandy, außerdem eine Schale mit Turron und Marzipan, den klassischen Weihnachtssüßigkeiten Spaniens, als kleine Stärkung für die Könige bereitgestellt werden. Nicht zu vergessen die Tiere, die Kamele und andere vierbeinige Begleiter der Heiligen, für die es eine große Schüssel mit Wasser und ein Bündel Heu bereitzuhalten gilt. Dann heißt es, so schnell wie möglich einzuschlafen, denn die Könige besuchen nur die Schlafenden und kontrollieren, ob die Kinder auch wirklich in ihren Betten liegen, bevor sie ihre Geschenke verteilen und sich die kleine Stärkung gönnen.

Am nächsten Tag, wenn alle Geschenke ausgepackt sind, lassen sich am Nachmittag alle den »Roscón de Reyes« – den Dreikönigskranz – schmecken. Dabei versucht jeder, die «Haba» zu finden, die in den Kranz eingebacken wird. Früher war es eine Bohne, heute ist es meist eine kleine Porzellanfigur oder eine Münze. Wer die »Haba« findet, wird zum König des Festes ernannt und darf bestimmen, was am Nachmittag oder am Abend gemeinsam gespielt wird.

Und so wird die Spezialität zu Ehren der drei Weisen aus dem Morgenland – zu »Los Reyes Magos« – gebacken:

ROSCÓN DE REYES – DREIKÖNIGSKRANZ

Zutaten für einen Kranz:
1/2 Würfel Hefe (20 g)
100 ml lauwarme Milch
50 g Zucker
350 g Mehl und Mehl zum Arbeiten
1/2 TL Salz
je 1 TL fein abgeriebene Orangen- und Zitronen-schale, unbehandelt
50 g weiche Butter, 2 Eier
2 EL brauner Rum
2 EL Orangenblütenwasser (aus der Apotheke)
Öl für die Schüssel, Fett für die Form
1 Eiweiß, 25 g Mandelblättchen
kandierte Kirschen, Mandarinenviertel und Zitronat-stückchen zum Garnieren

In einem Schüsselchen Hefe mit 1 EL Zucker und der Milch verrühren. 50 g Mehl einrühren und zugedeckt an einen warmen Platz stellen, bis die Hefe zu schäumen beginnt. Das restliche Mehl mit dem Salz in eine Schüssel sieben und den restlichen Zucker, die Zitronen- und Orangenschale untermischen. Die Butter zu-

---

fügen und unter das Mehl mischen. Dabei Mehl und Butter zwischen den Händen so lange verreiben, bis eine feinkrümelige Masse entstanden ist.

Die Eier mit Rum und Orangenblütenwasser verquirlen. In die Mitte der Mehl-Butter-Mischung eine Vertiefung eindrücken, Eiermischung und Vorteig hineingeben und alles mit einem Holzlöffel zu einem zähen, klebrigen Teig verarbeiten. Diesen auf eine gut bemehlte Arbeitsfläche geben, mit Mehl bestreuen und mit den Händen kneten und schlagen, bis er glatt, elastisch, dabei noch relativ weich ist.

Eine Schüssel mit Öl auspinseln, den Teig hineinlegen und zugedeckt an einem warmen Platz 1 Stunde gehen lassen. Den Teig auf der bemehlten Arbeitsplatte durchkneten und die »Haba« hineingeben. Den Teig zu einer Wurst formen. Eine Springform von 26 cm Durchmesser einfetten und den Teig zu einem Ring geformt hineinlegen, die Enden verbinden. Den Ring zugedeckt 45 Minuten gehen lassen. Einen Streifen doppelt gefaltete Alufolie zu einem kleinen Ring formen und in die Mitte des Kranzes setzen, damit die Öffnung erhalten bleibt.

Den Backofen auf 180 Grad vorheizen. Den Ring mit verquirltem Eiweiß einpinseln, mit Mandelblättchen und kandierten Früchten belegen und in Ofenmitte 30 Minuten backen. Noch 5 Minuten in der Form lassen, dann auf ein Kuchengitter legen.

Variante: Sehr gut schmecken auch kandierte, in kleine Würfel geschnittene gemischte Früchte, die man direkt in den Teig einarbeitet. Zum Schluß den

abgekühlten Dreikönigskranz mit einer Puderzucker-
glasur überziehen und mit kandierten Kirschen belegen.

Die Kanarischen Inseln – Ginster als
Weihnachtsschmuck

Auf den Kanarischen Inseln schmücken heute zwar meist
mit Flitter behangene Weihnachtsbäume Hotelhallen und
Schaufenster, doch außerhalb der Touristenregionen fand
er wenige Liebhaber. Zur kanarischen »Navidad« – dem
Weihnachtsfest – holen sich seit alters her die Bewohner
die »Retama«, den duftenden weißen Ginster ins Haus, der
nur auf diesen Inseln und im Atlasgebirge heimisch ist. Es
werden »Villancicos«, fröhliche Weihnachtslieder mit leb-
haften Rhythmen, gesungen, begleitet von Gitarre oder
Timple, einem kanarischen Zupfinstrument. »La Belén« –
die Weihnachtskrippe – darf auch hier in keinem Haus fehlen. In vielen Gemeinden sind in Kirchen oder auch auf
öffentlichen Plätzen ganze Landschaften rund um Bethlehem aufgebaut und liebevoll ausgestattet mit Moosen, Far-
nen, winzigen Agaven, Steinen und Wurzeln und dem Stall
im Mittelpunkt. Die Krippe und ihre Figuren stammen oft
von Hobby-Künstlern, die sie aus Ton und anderen Materialien in anrührend naiver Schlichtheit gestaltet haben.

Im Mittelpunkt der festlichen Tafel am Heiligen Abend
steht auf den Inseln meist eine im Ofen gebratene Schweine-

haxe oder Lammkeule. Auch wenn es schon Mitternacht ist, werden die Kinder zur »Misa del gallo« - zur Christmette – mitgenommen, selbst wenn sie mehr schlafend als wach auf den Bänken sitzen.

Anschließend bummelt die Familie noch durch die Stadt, wünscht Bekannten ein frohes Fest und schaut, was in den Schaufenstern alles zu »Reyes« – dem Dreikönigsfest – angeboten wird.

Portugal – das große Weihnachtsfeuer

Am Atlantik ist Weihnachten hauptsächlich noch ein religiöses Fest und wird im familiären Rahmen gefeiert. Am Anfang der Weihnachtszeit steht die neuntägige Andacht des Christkindes, und die ersten Vorbereitungen für das Fest werden getroffen. Vor allem in den ländlichen Regionen erhielten sich jahrhundertealte Traditionen. Wie der »Madeiro« – der Holzstoß.

In manchen Dörfern wird an einem Samstag im Dezember Holz von Kastanien-, Eichenbäumen oder Eschen zusammengetragen. Die relativ kleinen Holzstöße werden am Heiligen Abend ohne großes Zeremoniell vor der Kirche entzündet. Anders in den Dörfern rund um die Gemeinde Penamacor, nahe der Grenze zur spanischen Provinz Extremadura. Da werden am Vorabend des 7. Dezembers, des Festes der Unbefleckten Empfängnis, mit Traktoren und Lastwagen, früher mit Ochsenkarren, riesige Mengen von Holzscheiten zum Kirchplatz transportiert und abgeladen.

Das von jungen Leuten aufgeschichtete Holz bekommt einen Schmuck aus Orangenbaumzweigen. Und nicht selten unterhält ein Harmoniumspieler vom Holzstoß herab mit fröhlichem Spiel die mit dem Schmücken beschäftigte Gesellschaft und die zahlreichen Schaulustigen. Einige junge Männer werden ausgelost, die dem Pfarrer unter festlichem Geläute der Kirchenglocken einen Orangenzweig überreichen dürfen. In manchen Gemeinden läßt es sich der Pfarrer nicht nehmen, sich mit einigen Kuchen und Flaschen Wein zu revanchieren.

In Penamacor legen die Burschen ihren besonderen Ehrgeiz darein, den höchsten Holzstoß des ganzen Landes aufzuschichten, ganz gleich, ob es regnet oder schneit. Die Aktion erfolgt nach festgelegtem Schema. Alle, die über ein geeignetes Transportgerät verfügen, helfen mit, um die frisch geschlagenen Stämme aufzuladen. Natürlich fließt bei diesen Vorbereitungen der Wein. Auch Unbeteiligte, darunter viele alte Leute, feiern dann tüchtig mit, und gegen Mitternacht stärken sich alle bei gegrillten Sardinen, Hähnchen und Schweinefleisch. Am nächsten Morgen fahren die beladenen Traktoren und Lastwagen zum Ortseingang, um genau dann im Zentrum einzutreffen, wenn die Gemeinde aus der Kirche kommt. Unter lautem Getöse, Hupen und Hochrufen werden Orangen unter die jungen Leute geworfen, Korbflaschen herumgereicht, und es beginnt eine Traktor-Prozession um die Kirche. In stundenlanger Arbeit erfolgt dann das Aufschichten unter der kritischen Aufsicht vieler Schaulustiger. Der Holzstoß wird in der Heiligen Nacht entzündet und brennt bis zum Dreikönigstag.

Nach dem Fest der Unbefleckten Empfängnis, das in Portugal ein gesetzlicher Feiertag ist, beginnen die Hausfrauen mit dem Herstellen der Süßigkeiten, etwas später mit dem Auspacken der Krippe. Dann geht es an die Vorbereitung des wohlmöglich wichtigsten Ereignisses, des Festessens am Heiligen Abend, an dem sich die ganze Familie um den Tisch versammelt und alle traditionellen Gerichte aufgetragen werden. Sie unterscheiden sich von Provinz zu Provinz.

Im Norden Portugals gehört zum Weihnachtsessen gekochter Stockfisch oder Oktopus mit Kartoffeln, Eiern und Gemüse. Dazu wird Vinho verde getrunken, ein fruchtiger, leichter Weißwein der Region. Zu den verschiedenen Süßspeisen, die dem Hauptgericht folgen, zählen »Rabanadas« – Armer Ritter –, Kürbisplätzchen, Süßigkeiten mit Eigelb, Milchreis, Windbeutel und der Königskuchen »Bolo Rei«, ähnlich gebacken wie im benachbarten Spanien. Dazu trinkt man heißen Rotwein mit Honig. Bereitstehen dann noch Schüsselchen mit Pinienkernen, Feigenkonfekt und Nüssen und eine Karaffe Portwein.

RABANADAS – ARMER RITTER

Zutaten für 4 Personen:
8 Scheiben entrindetes Weißbrot
300 ml Milch, 4 Eier
150 g Zucker
1 Streifchen Zitronenschale, unbehandelt
Sonnenblumenöl zum Fritieren
2 TL gemahlener Zimt

Die Milch mit 2 EL Zucker und Zitronenschale aufkochen und abkühlen lassen. Reichlich Öl in einer Pfanne mit hohem Rand oder in einer Friteuse auf 175 Grad erhitzen, oder bis an einem hineingehaltenen Hölzchen kleine Bläschen aufsteigen. Die Brotscheiben in die Milch tauchen, in den geschlagenen Eiern wenden und im Öl goldbraun fritieren. Auf Küchenpapier entfetten und mit Zucker und Zimt bestreut servieren.

FEIGENKONFEKT

Zutaten für etwa 45 Stück:
100 g geschälte Mandeln
500 g getrocknete Feigen
2 EL Rum
etwas Öl zum Ausrollen

Den Backofen auf 220 Grad vorheizen. Die Mandeln auf einem Blech auslegen und auf der mittleren Schiene 8-10 Minuten rösten, sie sollen aber nicht braun werden. Das Blech gelegentlich rütteln. Die Mandeln abkühlen lassen. Die Hälfte davon fein hacken und beiseite stellen.
Die Feigen von den Stielen befreien und grob zerschneiden. Alle Feigen durch die feine Scheibe des Fleischwolfes drehen. Rum unter das Feigenmus mischen. Mit eingefetteten Händen aus der Masse Ku-

geln von 3 cm Durchmesser formen. In jede Kugel
1 Mandel stecken und so lange rollen, bis die Mandel ganz von Feigenmus umschlossen ist. Die Kugeln
in gehackten Mandeln wälzen, auf ein mit Butterbrotpapier bedecktes Brett legen und 24 Stunden
trocknen lassen.

Im Hinterland, in den Dörfern des Alentejo, beginnen die
Weihnachtsvorbereitungen oft noch mit dem Schlachten eines Schweines für das üppige Festmahl, bei dem, anders als
im Norden, Fleisch eine bedeutende Rolle spielt. Das Festessen am Heiligen Abend und am Weihnachtstag umfaßt gewöhnlich eine Hühnersuppe, Schweinefilet oder gebratenes
Schweinefleisch mit frischen Orangenscheiben umlegt. Es
folgen »Fritos« – in Fett Gebackenes –, Waffeln, Windbeutel und allerlei traditionelles Gebäck. Die Kinder dürfen
früher als die Erwachsenen von der Festtafel aufstehen und
um Pinienkerne spielen. Der Tisch wird nicht abgeräumt, alles bleibt stehen, damit die Seelen und Engel nicht hungrig
bleiben und nachts essen können.

Nach dem Festmahl besuchen die Erwachsenen und die
größeren Kinder die Christmette, in deren Mittelpunkt die
Weihnachtskrippe steht. Am Schluß der Mette nimmt der
Pfarrer das Jesuskind aus der Krippe, und nacheinander darf
jeder es küssen. Wenn alle die Kirche verlassen, wird das
lange vorbereitete Weihnachtsfeuer angezündet. Alle versammeln sich um den brennenden Holzstoß, singen Weihnachtslieder und wünschen sich ein frohes Fest. Während die
Kinder schon ungeduldig auf ihre Geschenke warten, die das

Christkind entweder am Heiligen Abend oder am Weihnachtsmorgen bringt.

In allen Gebieten Portugals setzt sich das Mittagessen am ersten Weihnachtstag ähnlich wie am Heiligen Abend zusammen, aus Hühnersuppe, einem Fischgericht oder auch einem lecker gefüllten Truthahn.

GEFÜLLTER TRUTHAHN

Zutaten für 8-10 Portionen:
1 großer, küchenfertiger Truthahn
150 g roher Schinken, 100 g gekochter Schinken
50 g Speck, 400 g mageres Schweinefleisch
200 g Brotkrumen, 150 ml Milch
2 Zwiebeln, 1 Knoblauchzehe
3 Möhren
150 g Butter oder Margarine
1 EL Mixed Pickles, 1 EL Oliven
4 EL gehackte Petersilie
2 Eier
Salz, Pfeffer aus der Mühle
1/2 l trockener Weißwein

Den Truthahn innen und außen kalt abspülen und abtrocknen. Den rohen und den gekochten Schinken, den Speck, das Schweinefleisch und die Innereien des Truthahns würfeln und durch den Fleischwolf drehen. Brot in Milch einweichen und ausdrücken und dazugeben.

---

1 Zwiebel, Knoblauch und 1 Möhre schälen und würfeln, in 30 g Butter anbraten und zu der Farce geben. Pickles und Oliven hacken und mit der Petersilie und den Eiern zufügen, alles durchkneten und mit Salz und Pfeffer würzen. Den Truthahn damit füllen, zunähen, in eine große Form oder auf ein Blech legen. Die Butter zerlassen und das Geflügel damit einpinseln.

Den Ofen auf 180 Grad vorheizen. Die übrige Zwiebel und die beiden Möhren schälen und in Scheiben schneiden, neben den Truthahn geben. 100 ml Wasser angießen und das Geflügel etwa 2 Stunden im Ofen garen. Nach 30 Minuten etwas Wein angießen und nach und nach den restlichen Wein zufügen. Den Truthahn während des Bratens immer wieder begießen. Man serviert ihn mit gekochtem Reis, geschmorten Möhren und Brunnenkresse.

Leckereien für die Sternsinger

Am letzten Tag des Weihnachtsfeuers, in der Nacht vom 5. auf den 6. Januar, ziehen die Heiligen Drei Könige mit großem Gefolge und Getöse durch die Dörfer. Diese »Sternsinger« schlagen Topfdeckel zusammen, trommeln auf Kochtöpfen und machen Halt an den Türen, um die »Janeiras« – einfache Vierzeiler – zu singen, mit denen sie den Bewohnern einen frohen Festtag wünschen. Dafür erhalten sie Kuchen, Nüsse, Maronen, Feigen, Pinienkerne und andere Leckereien.

Noch einige interessante Termine im vorweihnachtlichen Zyklus

- Am 10./11. November in Golega: Sankt-Martins- und Pferdemarkt, der im ganzen Land von Bedeutung ist. Zu sehen sind Vorführungen von Reit-, Zug- und Stierkampfpferden sowie Reitturniere. Gefeiert wird mit gerösteten Kastanien und dem »Água Pé«, eine Art Federweißer.
- Am 10./11. November in Penafiel: Martinsmarkt – der »Feira de S. Martinho« –, der früher hauptsächlich dem Pferdehandel diente, heute ein bedeutender Markt für landwirtschaftliche Produkte ist mit Schwerpunkt auf der Viehzucht. Gefeiert wird auch hier mit Kastanien und neuem Wein. Am darauf folgenden Sonntag, dem »Sonntag der Geschenke«, tauschen Verliebte Geschenke aus.
- Am 13. Dezember in Freamunde: » Pacos de Ferreira«, die »Romaria de Santa Luzia« – das Luziafest – und der »Feira dos Capoes«, wo die sehr alte, ländliche Kirchweih mit dem traditionsreichen Markt zusammenfällt. Unklar ist, was die Besucher mehr anzieht, die Verehrung der heiligen Beschützerin der Augen oder der Wunsch, die berühmten Kapaunen zu kaufen, die drei Monate alten kastrierten Hähnchen, die ausgezeichnet schmecken und für weihnachtliche Festessen sehr gefragt sind.
- Am 7. Januar in Vila Nova de Gaia: die »Festa de S. Gonçalo und S. Cristóvão«. Am Fest dieser Heiligen geht es an den Hängen der Hügel gegenüber der Stadt Porto bei einem Winzerfest hoch her. Hier befinden sich die zahlreichen Weinkeller, in denen seit jeher der kostbare Port-

wein heranreift. Die malerischen Feierlichkeiten werden von viel Lärm und Trommeln begleitet. Ein Bildnis des heiligen Gonzales, das vor vielen Jahrhunderten in Golega im Fluß Douro gefunden wurde, wird den ganzen Tag lang in einer Prozession durch die Straßen getragen. Unverheiratete Frauen legen derweil Gelübte ab, mit denen sie den heiligen »Heiratsvermittler der alten Jungfrauen« um einen Ehemann bitten. Man trinkt Portwein und genießt dazu die »Velhotes« von Gaia, ein traditionelles Gebäck in unverkennbar phallischer Form, das ebenso wie die Bitten der Frauen den Kult des heiligen Gonzales mit uralten Fruchtbarkeitsriten in Verbindung bringt.

Malta – Prozessionen mit dem Jesuskind

Mit dem Beginn der Weihnachtszeit erstrahlen Malta und die Nachbarinseln am Abend in hellem Glanz. Bei frühlingshaften Temperaturen flanieren die Bewohner der Hauptstadt Valetta durch die prächtig mit Girlanden und aus Tausenden von bunten Glühbirnen gebildeten Sternen, Blüten, Engeln, Glocken und anderen aufwendigen Dekorationen geschmückten Einkaufsstraßen. Die Fassaden der Kirchen und profanen Bauwerke der Ordensritterstadt sind ebenfalls geschmückt und beleuchtet, in früheren Zeiten wurden dazu Öllampen benutzt. Die Malteser sind bekannt als Meister der Illumination und lassen sich die Pracht etwas kosten.

Nach dem ausgiebigen Schaufensterbummel trifft man Freunde und Bekannte in den Cafés und Bars zu einem

Schwatz, und natürlich auch, um über das kommende Ereignis zu sprechen. Im katholischen Malta ist Weihnachten natürlich ein besonders wichtiges Fest, und schon Wochen vorher beginnen die Vorbereitungen für die Feierlichkeiten. Auch auf dem Land werden zu den winterlichen Heiligen- und Patronatsfesten die Dorfhäuser und -straßen festlich dekoriert, und das Zentrum der Aktivitäten, die Kirche, besonders prächtig geschmückt. Dabei versucht man, das Nachbardorf an Farbenpracht und Einfallsreichtum zu übertreffen.

Erst seit neuester Zeit erfreut sich auf der Mittelmeerinsel der Weihnachtsbaum einiger Beliebtheit. Doch das immer noch wichtigste Weihnachtsrequisit ist die Krippe mit Figuren nach traditionellen Vorbildern. Ab dem 1. Dezember wird sie überall aufgestellt, in den Wohnungen, in den Kirchen, in den Geschäften und nimmt dort ihren angestammten Ehrenplatz ein.

Ein nationales Festkomitee ermittelt Jahr für Jahr nicht nur die am prächtigsten dekorierte Straße, sondern auch die schönste und stimmungsvollste Weihnachtskrippe. Keine leichte Arbeit, wenn man bedenkt, daß schon alleine in den über 350 Kirchen auf Malta und den Nachbarinseln Gozo und Comino Krippen stehen. Nicht nur das Komitee, sondern auch maltesische Familien verbringen in der Vorweihnachtszeit mit der Besichtigung der oft sehr alten Kunstwerke viel Zeit. In den Kirchen selbst schmücken Behänge aus karmesinrotem Damast die Wände, auf den Altären stehen Chrysanthemen. Sogar die Heiligenstatuen in den Altarnischen tragen Festtagsgewänder.

Ursprünglich war wohl Ton das beliebteste Material für

die kleinen Figuren, die den Stall von Bethlehem bevölkern und »Pasturi« heißen. Heute werden auch andere Materialien verwendet, zum Beispiel Pappmaché, um die Landschaft rund um die Grotte mit der Heiligen Familie phantasievoll zu gestalten. Zu den traditionellen Figuren der liebevoll arrangierten Szenen zählen auch Gestalten aus dem traditionellen Handwerkerleben. Einer der wichtigen Charaktere ist der oberste Hirte, der die Schar seiner Hütejungen und Schafe von einem Hügelchen aus souverän überschaut. Kleine Windmühlen und die kubischen Häuser der Inseln gehören bei manchen Krippen ebenfalls zur Ausstattung. Andere sind effektvoll beleuchtet. Nach dem Christtag gesellen sich zur bunten Schar die drei Weisen aus dem Morgenland.

Und dann, am Heiligen Abend, ziehen in allen Städten und Ortschaften Prozessionen mit der lebensgroßen Statue des Jesuskindes durch die Straßen. Die Kinder begleiten das göttliche Kind und singen die altbekannten Weihnachtslieder. Eines der beliebtesten ist ein Wiegenlied für das Kind in der Krippe. Jugendliche Chorgruppen, die ebenfalls durch die Straßen ziehen, lassen ihre Gesänge von der »Flawt«, einer roten Flöte, und vom »Iz-zaqq«, einer Sackpfeife, begleiten. Im Anschluß an die Prozessionen begeben sich alle zur Mitternachtsmesse, bei der ein Kind die Weihnachtsgeschichte erzählt. Und dann wünschen sich alle ein frohes Fest.

Zu Hause genießt man »Limbuljuta«, ein heißes Schokoladengetränk mit Gewürzen und Orangenschale, dazu wird der Honigkranz aufgeschnitten und probiert.

Zum traditionellen Weihnachtsessen gehören auch auf

Malta ein Truthahn und der Weihnachtspudding. Dieser letzte Brauch wurde von den Briten übernommen, die Malta über 150 Jahre lang regierten. Das Mittagessen am ersten Weihnachtstag beginnt immer mit dem »Timpana«, einem herzhaften Nudelgericht, eingepackt und gebacken in Blätterteig.

TIMPANA

Zutaten für 6 Personen:
750 g dicke Makkaroni
Salz, 1 kleine Aubergine
2-3 EL Essig, 2 Zwiebeln
4 EL Sonnenblumenöl
250 g gemischtes Hackfleisch
250 g Rinder- oder Schweineleber, gehackt
1 kleine Dose Tomatenmark
Pfeffer aus der Mühle
1 Paket Tiefkühl-Blätterteig
Butter für die Form
250 g Hüttenkäse
125 g geriebener Käse, Emmentaler oder Gouda
2 hartgekochte Eier, geschält und in Scheiben geschnitten
3 mittelgroße rohe Eier

Die Makkaroni in reichlich gesalzenem Wasser bißfest garen und abgießen. Die Aubergine vom Stiel und dem Ansatz befreien, waschen und kleinwürfeln, kurz in Essigwasser legen und abtropfen lassen. Die Zwiebel schälen, würfeln, und mit der Aubergine im Öl anbraten. Hackfleisch und Leber zufügen und unter Rühren mitbraten. Das Tomatenmark in 1/4 l Wasser glatt rühren und zufügen. Alles mit Salz und Pfeffer abschmecken und zugedeckt 15 Minuten köcheln lassen.

Den Backofen auf 180 Grad vorheizen. Eine Auflaufform einfetten. Die Hälfte des Blätterteigs auf einer leicht bemehlten Fläche größer als die Form ausrollen und diese damit auslegen. Hüttenkäse unter die Fleischsauce mischen und abwechselnd mit den Makkaroni einschichten. Jede Schicht Fleischsauce mit etwas Reibkäse überstreuen und mit Eischeiben belegen.

Die rohen Eier mit wenig Salz verquirlen, 2 EL davon abnehmen, den Rest über das Gericht gießen, den restlichen Käse aufstreuen. Den übrigen Blätterteig ausrollen und alles damit bedecken, an den Rändern festdrücken und die Oberfläche mit Ei einpinseln, danach mit der Gabel mehrmals einstechen. Das Gericht in Ofenmitte so lange backen, bis der Teig goldbraun ist.

Tip: Bevor das Gericht in den Ofen geschoben wird, verzieren es die Hausfrauen gerne mit zu Blättern geformten Teigresten. Die Erwachsenen lassen sich zur Timpana den guten Inselrotwein, benannt nach dem heiligen Paulus, schmecken.

Sehnlichst wird auch auf Malta von den Kindern der Weihnachtsmann erwartet, der die Geschenke bringt. Doch daneben freuen sich alle auf den Besuch des Manoel-Theaters in Valetta. In diesem über 250 Jahre alten, in der Zeit der Johanniter erbauten Logentheater wird im Dezember und Januar die Weihnachtspantomime aufgeführt, das Märchen von »Aladdin und der Wunderlampe«, an dem auch die Erwachsenen ihre Freude haben. Für Abwechslung in der Weihnachtszeit sorgen vor allem auch die Parties, die überall veranstaltet und auf denen traditionelle und internationale Weihnachtsköstlichkeiten gereicht werden.

Italien – Besuch der guten Hexe Befana

Niemand soll Weihnachten alleine sein, heißt es in Italien. Und so steht das Fest noch ganz im Zeichen der Familie. Sicher, der Kaufrausch beherrscht auch dort die letzten Tage des Jahres und macht sich vor allem in den großen Städten bemerkbar. Eher ruhig und dafür um so inniger feiert man die Weihnachtszeit noch auf dem Land, vor allem in abgeschiedenen ländlichen Regionen, wie in den Bergen der Abruzzen oder in Apulien. Da treten die kommmerziellen Interessen in den Hintergrund. Alle freuen sich auf die guten Gerichte, auf das Gebäck, das nun vorbereitet und bei einem festlichen Mahl für die Familie, die Verwandten, Freunde und Nachbarn aufgetischt wird.

Ganz unterschiedlich fallen die Feste der Heiligen aus, deren Ehrentage und Patronatsfeste in die Vorweihnachtszeit fallen. Wenn Sankt Martin am 11. November geehrt wird, dann haben allerdings weniger die Kinder, sondern mehr die Erwachsenen etwas davon. Wie in Laterza in Apulien, wo an San Martino das Fest des Weines gefeiert wird, wie auch in den vielen anderen Weinregionen des Landes. Oder im benachbarten Martina Franca in Apulien, wo Weinfest und Eselmarkt zusammenfallen. Eine Viehmesse findet auch in Taviano statt, und an diesem Tag wird köstlich gekochtes oder in Tomatensauce angerichtetes Schweinefleisch zu einem guten Schluck Wein verzehrt. Feste werden in Italien immer von besonderen Gerichten begleitet, das ist hier Ehrensache, und keine Region, kein Ort läßt es sich nehmen, etwas ganz Besonderes zu bieten. Wie Presicce am Ionischen Meer, das zum Fest des heiligen Andreas, Schutzpatron der Fischer, am letzten Sonntag im November den Fisch des Heiligen, die Seebarbe, in großen Mengen in der Glut eines großen Freudenfeuers grillt. Und am Abend ziehen die Bewohner der Stadt in ihren traditionellen Trachten in einer großen Prozession durch die Straßen.

Daß der heilige Nikolaus an seinem Sterbetag, dem 6. Dezember, Gaben an die Kinder verteilt, geschieht hauptsächlich im Alpenraum. Im Süden des Stiefels läßt er sich dann eher selten blicken, denn sein Ehrentag fällt hier in den Monat Mai. Bari, die Hauptstadt Apuliens, feiert an drei Tagen, vom 7. bis 9. Mai, das Patronatsfest des San Nicola mit einem großen Umzug und der traditionellen Bootsprozession, der »Caravella«. Diese ist die Nachbildung eines Bootes, das die Gebeine des Gabenbringers von der Stadt Myra an der türkischen Südküste über das Meer nach Bari brachte. Baresische Fischer hatten sie im Jahre 1087 gestohlen, und so kam die Stadt zu ihrem Schutzpatron. Geschenke für die Kinder gibt es an diesen Tagen, wie gesagt, jedoch nicht, sie sind einzig und alleine dem Heiligen gewidmet, der sich allerlei pompöse Zeremonien und Prozessionen gefallen lassen muß.

In die Vorweihnachtszeit fällt das Fest der Unbefleckten Empfängnis Mariens, das in Italien am 8. Dezember mit besonderem Gepränge gefeiert wird. So auf der Piazza di Spagna in Rom. In den frühen Morgenstunden ziehen hier die Feuerwehrleute mit großen Leitern auf und schmücken die auf der Säule stehende Statue der Madonna mit einer prächtigen Girlande. Die Blumengaben dauern bis zum Abend fort, so daß dann von der Statue nicht mehr viel zu sehen ist. Der Heilige Vater im Vatikan huldigt der Muttergottes in einem Festgottesdienst.

Aus der Tradition der großen Märkte zum Jahresende entstand in Rom die Weihnachtsmesse »Natale Ogi« – Weihnachten heute –, die Geschenkartikel, Einrichtungsgegenstände und kulinarische Erzeugnisse aus Italien und der ganzen Welt in den ersten beiden Dezemberwochen zeigt. Viele kommen um zu kaufen oder auch nur, um zu schauen. Ähnliche Messen werden auch in anderen Städten Italiens veranstaltet, wie am 19. Dezember in der Stadt Noci in der Provinz Bari und am 24. Dezember in Corato mit einer großen Weihnachtsschmuckausstellung. Einen Vorgeschmack auf Weihnachten verspricht ein Besuch des Weihnachtssüßigkeitenfestes am 18. Dezember in Molfetta (Bari), wo all die traditionellen Leckereien probiert und gekauft werden können.

Der heilige Franziskus und die Weihnachtskrippen

Schon während der ganzen Dezemberwochen herrscht in vielen Orten große Betriebsamkeit. Im Mittelpunkt stehen die Weihnachtskrippen, die sich nicht vom Weihnachtsbaum verdrängen ließen und in Italien von den Weihnachtstagen bis zum Dreikönigsfest noch immer den ersten Platz einnehmen. Das wundert kaum, denn schließlich wurde die erste Nachbildung der Krippe des Jesuskindes mit Maria und Josef, dem Engel, den Hirten und all den Tieren, die in der Weihnachtsnacht dabei waren, in Italien kreiert. Vater der Idee war kein geringerer als der heilige Franziskus. Er legte in der Höhle bei Greccio, in der er in freiwilliger Armut hauste, ein lebensgroßes Wachsabbild des Christkindes in eine echte Futterkrippe. Ein reicher Gutsbesitzer stellte Ochs und Esel dazu, Bauersleute warfen Stroh auf den nackten Boden, nachts war die Szene mit Kerzen beleuchtet, und die Nachbarn pilgerten zur Krippe wie damals die Hirten nach Bethlehem – so die Überlieferung.

Einfache Darstellungen der Geburtsszene hatte es seit dem 11. Jahrhundert in Klöstern und Kirchen gegeben, doch Franziskus schuf einen neuen, bedeutungsvollen Rahmen. Seit dem Jahr 1223 gehört die Krippe in der Kirche des Heiligen Franziskus bei Assisi zum Weihnachtsfest, und der Strom der Besucher reißt kaum ab, die mit besonderer Andacht hier niederknien.

Wie in keinem anderen Land wurde in Italien Weihnachten zum Fest der Krippe mit dem Jesuskind, vor allem auch auf Sizilien, das mit wunderschönen Krippen die

Andächtigen erfreut. Nicht nur in Kirchen oder zu Hause werden die das ganze Jahr über sorgfältig gehüteten Figuren ausgepackt, aufgestellt, in der Heiligen Nacht enthüllt und von allen bewundert. Viele Orte machen daraus eine richtige Veranstaltung, wie San Giovanni Rotondo in der Region Foggia. Vom 20. bis 25. Dezember sind auf allen Plätzen des historischen Stadtkerns Krippen im Freien aufgestellt. Besonders beliebt sind »lebende« Krippen, bei denen ausgewählte Mitbürger in die Gewänder von Maria und Josef, der Hirten und auch in die der Heiligen Drei Könige schlüpfen und das Szenario im Stall von Bethlehem mit Leben erfüllen. Solche lebenden Krippen haben ebenfalls eine lange Tradition und in den Klöstern ihre Wurzeln. Vermutlich entwickelten sich nach diesen Vorbildern auch die Krippenspiele, die vor allem im Alpenraum gerne aufgeführt werden.

Leckereien für die Weihnachtstafel

Lustvoll stürzen sich nicht nur die Hausfrauen vor dem Fest ins Einkaufsgewühl, um einen feinen Braten und alles, was zu einem großen Essen gehört, auszuwählen. Am lebhaftesten geht es wohl in der Nacht vom 23. auf den 24. Dezember in Rom in der riesigen Markthalle zu, wo die Römer direkt beim Großhändler Weihnachtedelikatessen einkaufen können. Das ganze erhält einen offiziellen Anstrich, wenn gegen 2 Uhr in der Nacht der Bürgermeister erscheint und Festworte an die Bürger richtet. In Rom als »Cottios« bekannt, entwickelt sich daraus ein fröhlicher, lärmender und die ganze Nacht dauernder Einkaufsbummel.

Lebende Aale sind besonders begehrt sowie gutgemästete Kapaune.

Am Heiligen Abend fällt das Mahl, das vor der Mitternachtsmesse eingenommen wird, eher bescheiden aus, denn dieser Tag zählt noch zu den vorweihnachtlichen Fastenwochen im traditionellen Kirchenjahr. Während in der Gegend von Neapel und anderen Orten am Meer Fisch auf den Tisch kommt, wartet Norditalien am Weihnachtsabend mit »Lenticchie« – Linsen und »Zamponi« – gefüllten Schweinsfüßen – auf. Diese sind ohne Knochen und Knorpel und mit gewürztem Schweinehack gefüllt. Die Linsen erinnern an kleine Münzen und sollen Wohlstand für das kommende Jahr verheißen. Sie dürfen deshalb auch auf keiner Silvestertafel fehlen. Vielleicht sollte man auch bei uns einmal sein Glück mit Linsen versuchen. Und weil es bei uns den gefüllten Schweinsfuß nicht gibt, kann man dem Gericht ein Stück Speck beifügen.

LENTICCHIE IN UMIDO – GESCHMORTE LINSEN

Zutaten für 4 Personen:
300 g braune Linsen, über Nacht in kaltem Wasser eingeweicht
1 kleine Zwiebel, 1 Stange Staudensellerie
100 g frischer magerer Bauchspeck
2 EL Olivenöl, kaltgepreßt
1/4 l trockener Rotwein
1 TL Fenchelsamen, Salz, Pfeffer aus der Mühle

Die Linsen in einem Sieb abtropfen lassen. Die Zwiebel schälen und in Scheiben schneiden. Die Selleriestange putzen, waschen und würfeln, ebenfalls den Speck. Gemüse und Speck in Öl anbraten, Linsen, Rotwein und Fenchelsamen unterrühren. Alles zugedeckt bei sanfter Hitze 30 Minuten dünsten, mit Salz und Pfeffer abschmecken.

Tip: Veredeln kann man das Gericht mit Hühnerbrüstchen, die mit Olivenpaste gefüllt, wie Rouladen gewickelt, in Mehl gewendet und in Butter gebraten werden. Man dünstet sie in 1/2 Glas Weißwein und würzt sie mit Salz und Pfeffer. Die Hühnerbrüstchen werden aufgeschnitten und an die Linsen gelegt.

Das eigentliche Festmahl findet am 25. Dezember in großer Runde statt. Ein klassisches Rezept der Küche der Emilia-Romagna ist ein langsam gekochter Kapaun, der mit einer grünen Sauce ganz köstlich schmeckt.

CAPPONE BOLLITO IN SALSA VERDE –
KAPAUN MIT GRÜNER SAUCE

Zutaten für 4-6 Personen:
1 küchenfertiger Kapaun oder 1 großes Huhn von etwa 2 kg
Salz, 1 Möhre, 1 Stange Bleichsellerie, 1 kleine Zwiebel
1 Gewürznelke

1 Sträußchen Petersilie, 4 EL gehackte Petersilie
1 EL Weißbrotkrumen, in Rotwein eingeweicht und
ausgedrückt
1 gehackte Knoblauchzehe, 2 zerdrückte Anchovisfilets
1/8 l Olivenöl, kaltgepreßt
1 EL Kapern, 1 hartgekochtes Ei, gehackt
frisch gemahlener Pfeffer

Den Kapaun in einen Topf legen, 1 knappen EL Salz und kaltes Wasser zugeben, so daß er bedeckt ist, und aufkochen. Das Gemüse putzen, kleinschneiden und mit der Gewürznelke und der gewaschenen, gebündelten Petersilie zufügen. Den Kapaun bei sehr sanfter Hitze 2 Stunden mehr sieden als kochen.

Gehackte Petersilie, Brotkrumen, Knoblauch und Anchovis vermischen, nach und nach das Öl unterrühren, Kapern und Ei zufügen, mit Salz und Pfeffer würzen. Den Kapaun aus der Brühe heben und mit der Sauce servieren. Dazu schmecken in Butter geschwenkte Pellkartoffeln.

In Rom besteht die herzhafte, üppige Füllung des gebratenen Geflügels aus Brotkrumen, Würstchen, Innereien und geriebenem Pecorino. Kapaun gilt auch als traditionelles Weihnachtsgericht auf Sizilien, serviert mit »Caponata«, einer aromatischen Gemüsemischung, so genannt, weil sie dort die klassische Beilage des Kapauns bildet.

Ein besonderer Brauch erhielt sich in den abgelegenen Berg-
regionen der Abruzzen, das »Gastmahl mit den 13 Gängen«,
für das 13 verschiedene Speisen auf einem Tisch bereitgestellt werden. Es soll an die Herbergssuche von Maria und
Josef erinnern und wird für sie oder für andere hungrige Gäste bereitgehalten. In manchen Regionen übt man den
Brauch zum Fest des heiligen Josefs oder am Dreikönigstag
aus.

In der Provinz Molise und in den benachbarten Abruzzen
mit Dörfern, die von der Umwelt vor allem im Winter na-
hezu abgeschlossen sind, überlebten alte Hirtenbräuche.
Dort stimmen die Hirten ihre Gesänge für die »Novena« –
die Heilige Nacht – an, begleitet vom Klang der Dudelsäcke.
Ein Weihnachten der Kinder feiert man in San Pietro Avel-
lana. Eine Prozession führt am Vorabend des Weihnachtsfestes durch die langen Straßen von Agnone. Und überall duftet es angenehm nach frisch gepreßtem Most.

Die regionalen Süßigkeiten zum Fest sind vielfältig. In
den Abruzzen genießt man Weihnachten eine pyramidenför-
mige Süßspeise namens »Cicerchiata«, für die Brandteigku-
geln mit Honig zusammengeklebt und mit winzigen Liebes-
perlen bestreut werden. Ein typisches Gebäck der Stadt
Ferrara, das von der Woche vor Weihnachten bis zum Fest
der Heiligen Drei Könige gegessen wird, ist »Pane pepato«,
eine Art Hörnchen aus leichtem Hefeteig mit Mandeln, Zitronat, Schokoladenüberzug und mit Zucker und winzigen
Bonbons überstreut. Erfunden wurde es angeblich 1465 an-
läßlich eines Banketts, das der Herzog Borso d'Este gab, um
das Fest des Heiligen Martin zu feiern. Eine eingebackene
Goldmünze erfreute die Geladenen ganz besonders. Später

pflegten die Bäcker von Ferrara das Gebäck in der Weihnachtszeit ihren Herrschern und sogar dem Papst zu senden, allerdings ohne den kostbaren Inhalt.

Noch eine Geschichte aus jüngerer Vergangenheit: Während des Zweiten Weltkriegs ließen es sich die Bäcker der Stadt nicht nehmen, ihrem Befreier, General Dwight D. Eisenhower, einen 10 Pfund schweren »Pane pepato« zu überreichen.

Eine kulinarische Berühmtheit – Panettone

Zu den international berühmten Weihnachtsspezialitäten aus Italien zählt der Panettone, der Weihnachtskuchen. Er wird mit Zuckerguß wie mit einer Schneehaube übergossen und mit kandierten Früchten und Weihnachtssüßigkeiten dekoriert. Man ißt ihn zwischen Weihnachten und Neujahr als Dessert oder zum prickelnden Spumante oder Espresso.

Der Panettone entstand vermutlich als Weihnachtsbrot im mittelalterlichen Mailand, als die Bäcker den normalen Brotteig, den sie »panett« nannten, mit Butter, Eiern, Zucker und Sultaninen anreicherten und daraus ein größeres, luftiges Brot für festliche Zwecke herstellten, das sie folgerichtig als »Panettone« bezeichneten. In den 20er Jahren verwendete ein Mailänder Bäcker namens Angelo Motta erstmals Hefe für den Teig und füllte ihn in zylindrische Backformen mit hoher Wandung. So entstand das kuppelförmige Brot. Dekorativ in Kartons verpackt, wird es heute zum Fest in die ganze Welt verschickt.

In Siena bevorzugt man zu den Festtagen traditionelle Kuchen wie »Panforte« und Kekse wie die köstlichen »Cantuccini«, die mit Mandeln und Gewürzen aus dem Orient hergestellt werden.

CANTUCCINI – MANDELKEKSE

Für etwa 60 Stück:
250 g Weizenmehl Type 1050, Mehl zum Arbeiten
1 gestrichener TL Backpulver
150 g Zucker
1 Päckchen Bourbon-Vanillezucker
1 Prise Salz
6 Tropfen Bittermandelaroma
50 g Butter oder Margarine
2 Eier, Gewichtsklasse M
4 EL Milch, 200 g Mandeln

Mehl und Backpulver in eine große Schüssel sieben, Zucker, Vanillezucker, Salz, Bittermandelaroma und die Butter oder Margarine in Stückchen zufügen. Eier und 2 EL Milch in die Mitte geben und alles rasch mit den Knethaken des elektrischen Handmixers zu einem festen Teig verkneten. Zum Schluß mit den Händen die Mandeln einarbeiten.

Den Teig auf der bemehlten Arbeitsfläche zu 2 Rollen von je etwa 50 cm Länge formen und diagonal mit 4 cm Abstand auf das mit Backpapier ausgelegte Blech legen. Leicht flachdrücken und die Oberflächen mit der restlichen Milch bepinseln. Auf der mittleren Schiene des auf 200 Grad vorgeheizten Ofens in 25 bis

---

30 Minuten goldgelb backen. Dann herausnehmen und die Rollen mit einem scharfen Messer schräg in etwa 1 cm dicke Scheiben schneiden. Diese auf das Backblech legen und noch weitere 5 bis 10 Minuten backen, bis die Schnittflächen der Cantuccini leicht Farbe annehmen. Auf dem Kuchengitter abkühlen lassen.

Auf ihre Geschenke müssen italienische Kinder allerdings noch bis zum 6. Januar warten, dem Epiphaniasfest, an dem zwar auch die Heiligen Drei Könige das Sagen haben, vor allem aber die gute Hexe Befana im Mittelpunkt steht. So wird in Rom auch mit großem Aufwand die »Festa della Befana« auf der Piazza Navona gefeiert, eine Art Weihnachtsmarkt, der in einer großen Elipse aus Buden und Ständen mit Spielzeug und Süßigkeiten um die drei berühmten Brunnen herum stattfindet und in der Nacht vom 5. auf den 6. Januar ihren Höhepunkt und fröhlichen Abschluß erlebt. Die Geschenke der guten Hexe Befana erhalten die Kinder entweder an diesem Abend oder am nächsten Morgen.

Ein paar Tips für Weihnachtsshopping in Italien

Für Genießer und Feinschmecker stellt sich ein vorweihnachtlicher Besuch in Italien als Vergnügen heraus. Vor allem die toskanischen Städte wie Florenz, Lucca oder Siena locken mit kulinarischen Köstlichkeiten, Naschereien und mit allerlei schönem Kunsthandwerk. Keramik und handgearbeiteter Schmuck, Geschmackvolles für den Wohnbereich, Textilien, Duftwässer, Kosmetika, handgemachte Seifen und vieles mehr findet sich zum Verschenken. Da können nicht nur Boutiquen durchstöbert, sondern auch Weihnachtsmärkte besucht werden, und vor allem die guten Adressen für so köstliche Spezialitäten wie das Mandelgebäck »Panforte« oder handgemachte »Cantuccini«, zum Beispiel in Siena.

Schinken, Würste und Pecorino für die Weihnachtstafel, kaltgepreßtes Olivenöl der neuen Ernte, ein paar Flaschen guten Wein – Genießer kommen hier voll auf ihre Kosten.

Für einen vorweihnachtlichen Aufenthalt in der Region um Florenz, Siena und Lucca empfehlen sich vor allem Weingüter mit restaurierten Bauernhäusern (mit Zentralheizung, denn Hotels mit Parkplätzen in den Zentren zu finden, stellt sich als schwierig heraus. Auskünfte erteilt das Staatliche Italienische Fremdenverkehrsamt ENIT, Kaiserstraße 65, 60329 Frankfurt, Telefon 069/237430, Fax 069/232894.

Griechenland – Das Brot des heiligen Basilius

In Griechenland kündigt sich das bevorstehende Weihnachtsfest unüberhörbar mit viel Getöse an. Im ganzen Land und auf den Inseln ziehen, je nach Region, manchmal schon ab dem 6. Dezember, dem Nikolaustag, anderswo ab dem 22. Dezember die Kinder in Grüppchen mit Trommeln, Triangeln und Ziegenglocken von Haus zu Haus. Sie erhoffen, mit ihren Gesängen, genannt »Kalanda«, Leckereien zu bekommen. In manchen Regionen West-Makedoniens nennt man die Lieder »Kolianda«, wie die kleinen Kuchen, die als Belohnung verteilt werden.

Am 23. Dezember sammeln die Kinder in den Nachbarhäusern und umliegenden Straßen kleine Holz- oder Heubündel, die um einen hohen Pfahl herum aufgeschichtet und angezündet werden. Brennt das Feuer, tanzen sie darum herum, singen dabei ihre »Kolianda« und läuten mit ihren kleinen Glocken. Nicht selten schließen sich die Eltern dem fröhlichen Kreis an, dem sich auch die Musikanten, die mit ihren Fiedeln und Klarinetten den Tanz der Kinder begleiten, zugesellen. Es wird erzählt, daß das Anzünden des Feuers und das Glockenläuten an die Wache der Hirten während der Christnacht erinnern soll.

Am nächsten Morgen in aller Frühe, wenn die Kinder noch schlafen, stellt die Mutter einen Teller mit »Kolianda« – längliche, wie kleine Taschen geformte Plätzchen, die auch »Tzoumake« heißen – ans Bett. Öffnen die Kinder die Augen, finden sie das Gebäck und haben nichts Eiligeres zu tun, als ihre Tour von Haus zu Haus von neuem zu beginnen. Öffnet eine Hausfrau die Tür, singen sie Weihnachtslieder mit Versen für jedes Familienmitglied. Wenn die Familie Hühner besitzt, werden die Kinder ins Haus gebeten, wo sie sich auf den Boden setzen. Man glaubt, daß dann die Hennen tüchtig Eier legen. Dieser alte »Zauber« wird natürlich nur in den Dörfern praktiziert. In großen Städten, wie in Athen, erhalten die Kinder für ihren Gesang einige Münzen, die sie unter sich aufteilen, um Süßigkeiten dafür zu kaufen.

Die zwölf Nächte der Kobolde

Mit der Weihnachtszeit werden Sagengestalten und alte
Bräuche wieder lebendig. So glauben die Leute fest daran,
daß die Kobolde, genannt »Kalikantzari«, aus der Erde kommen und während der Zwölf Nächte ihr Unwesen treiben.
Sie sind zu allen Boshaftigkeiten fähig. Es heißt, sie gelan-
gen durch den Kamin ins Haus, löschen das Feuer, machen,
daß die Milch sauer wird, vermanschen das Essen, zer-
drücken die Kuchen und binden den Pferden die Schwänze
aneinander. Alles, was während dieser Zeit im Haus schief-
geht, wird den Kalikantzari in die Schuhe geschoben. In
manchen Gegenden erzählen die Eltern ihren Kindern, daß
die Kobolde sie wegschleppen, wenn sie nicht artig sind. Die
Kobolde tauchen immer gegen Mitternacht auf und ver-
schwinden bei Morgengrauen mit dem ersten Hahnenschrei.

Um die Kalikantzari davon abzuhalten, im Haus ihren
Schabernack zu treiben, verbrennen in manchen Regionen
Griechenlands, so auf dem Peloponnes, die Frauen übel rie-
chende Pflanzen auf dem Herd. Oder sie hängen ein Sieb
hinter die Tür. Bemerkt der Kobold das Sieb, beginnt er die
Löcher zu zählen und ist damit so lange beschäftigt, bis der
Tag erwacht. Andererseits versucht auch jede Hausfrau, sich
mit den kleinen Bösewichten gut zu stellen. So hängt sie etwas zum Naschen an einen Haken am Herd, und in der Nacht
vor dem Dreikönigstag, wenn sie die Erde wieder verlassen
müssen, legt sie Pfannkuchen, ausschließlich für die Kalikantzari gebacken, auf das Dach, um sich für das nächste
Mal in guter Erinnerung zu halten.

Einen Christbaum aufzustellen ist in Griechenland nicht

Musizierender Weihnachtsengel über dem Augsburger Christkindlesmarkt.

oben: Wichtelmänner sind in Finnland für die Verteilung der Geschenke zuständig.

unten: Während der finnische »Joulupukki« in seinem Büro in Rovaniemi arbeitet, ist sein schwedischer Kollege, der »Jultompte«, schon mal auf dem Snowboard unterwegs.

Am 13. Dezember wird in Schweden das Fest der heiligen Lucia begangen.

Das Gefolge der Lichtbringerin aus jungen Mädchen und einem Sternjungen.

oben: Bunte Kekse als Adventsschmuck.

unten links: Ein schönes Geschenk: Gebackener Adventskalender.
unten rechts: Der Dreikönigskranz schmeckt nicht nur am 6. Januar.

Fehlen auf keinem Teller in den USA: die beliebten Brownies.

Silvesterkläuse in Urnäsch im Appenzellerland.

Am 6. Dezember ziehen die Lichterkläuse durch Küssnacht.

Xmas-Parade in Wellington, Neuseeland, bei strahlendem Sonnenschein.

Festlich geschmückte Häuser auf Barbados.

Der Höhepunkt des Weihnachtsfestes auf den Bahamas: die Junkanoo-Parade.

üblich. In einigen Regionen allerdings werden, wie früher in der Stadt Sinop am Schwarzen Meer, in der bis zum Völkeraustausch in den 20er Jahren viele Griechen lebten, Olivenzweige in die Mitte des Weihnachtskuchens gesteckt. Dieser Zweig wird mit Äpfeln, Orangen und Nüssen geschmückt. Der Kuchen mit dem Zweig steht mitten auf der Festtafel. Bevor sich die Familie setzt, wird der Tisch dreimal angehoben mit dem Spruch: »Tisch der Dame, Tisch der Jungfrau Maria, Christus ist geboren, Freude den Menschen«. Der Kuchen wird erst am Dreikönigstag wird erst gegessen.

Am Basiliustag gackernd durch die Straßen

Der erste Tag im Jahr ist der Ehrentag des heiligen Basilius. Am Abend gehen die Kinder wieder von Haus zu Haus, singen die »Kalanda« und halten in ihren Händen einen Apfel, eine Orange, ein Papierschiff oder einen Papierstern. Üblich ist auch ein grüner Zweig vom Kornelkirschbaum. Mit dem Zweig versetzen sie dem Hausherrn und den anderen Familienmitgliedern einen Streich auf die Schulter. Dabei singen die Kinder und wünschen Glück. Die Hausfrau verteilt auch diesmal Süßigkeiten, Nüsse oder ein paar kleine Münzen.

Auf der Insel Lemnos gehen die Dorfkinder in jedes Haus und rufen »Wir wünschen ein schönes Fest, denn heute ist Basiliustag!« Dafür erhalten sie »Loukoumia« – türkischen Honig – oder köstliche Plätzchen wie »Kourabiédes«. Danach laufen die Kinder, wie Hühner gackernd, durch die Straßen. Den Hausfrauen sind sie immer willkommen und werden begrüßt mit: «Setzt euch, damit unsere Henne sich auch hinsetzt und Eier legt.»

Wer die köstlichen »Kourabiédes« probieren möchte, hier das Rezept:

KOURABIÉDES – MANDELPLÄTZCHEN

Zutaten für etwa 40 Stück:
200 g Butter
150 g Zucker, 1 Päckchen Vanillezucker
1 EL Ouzo (griechischer Anisschnaps)
2 Eier, Größe M
Salz, 375 g Mehl
125 g geschälte, gemahlene Mandeln
Fett für das Backblech
40 Gewürznelken
4 EL Orangenblütenwasser (aus der Apotheke)
200 g Puderzucker

Die Butter schmelzen und mit Zucker und Vanille-zucker schaumig rühren. Ouzo, Eier und 1 Prise Salz zugeben und unterrühren. Das Mehl darauf sieben, die Mandeln überstreuen, alles vermengen und unterkne-ten. Den Teig zu einer Kugel formen, in Folie wickeln und 1 Stunde in den Kühlschrank legen.
Das Backblech einfetten. Die Folie entfernen, den Teig zu einer Rolle formen und in 40 Stücke schneiden, zu

---

146

ovalen Plätzchen formen, wie ein halbes Ei, und auf das Backblech setzen. Die Oberflächen mit einem Messerrücken etwas flach drücken. In jede Mitte eine Gewürznelke stecken. Die Plätzchen im 180 Grad heißen Ofen auf der Mittelschiene 15-20 Minuten backen, bis sie leicht Farbe annehmen. Die noch warmen Plätzchen mit Orangenblütenwasser einpinseln und in Puderzucker wenden.

Ein wichtiges Ritual ist die Wahl der Person, die am Neujahrstag zuerst das Haus betritt. In einigen Gegenden Griechenlands muß es der Hausherr selbst sein oder sein ältester Sohn, oder ein glückliches Kind. Damit ist ein Kind gemeint, das noch beide Elternteile besitzt. Auf der Insel Amorgos ist die gewählte Person ein Mitglied der Familie. Auf dem Weg von der Kirche hält sie eine kleine Ikone und setzt die beiden ersten Schritte ins Haus mit den Worten »Komm herein, Glück«. Dann geht sie zwei Schritte zurück und sagt »Geh heraus, Unglück«. Die Zeremonie wird noch zweimal wiederholt, und das dritte Mal, wenn sie das Haus betritt, wirft sie einen Granatapfel auf den Boden, so daß er zerspringt. Dann tauchen alle Familienmitglieder ihre Finger in Honig und schlecken ihn ab, damit das neue Jahr so süß wie Honig werde. Danach folgt im Namen von Sankt Basilius ein Essen mit gekochtem Weizen.

In Lassithi auf Kreta muß der erste Fremde, der das Haus betritt, einen großen Stein mitbringen und ihn in die Mitte des Zimmers legen. Er setzt sich darauf und sagt: «Alles Gute für euch, einen glücklichen neuen Monat, Segen für euer Federvieh, eure Lämmer und Ziegen. Möge eure Henne auf ihren Eiern sitzen, möge eure Kuh einem Kalb das Leben schenken, möge euer Esel ein Junges werfen. Und möge Gold, so schwer wie der Stein, in euer Haus kommen.« Der Fremde wird dann mit Leckereien bewirtet.

In jedem Haus Griechenlands pflegt man den Brauch der »Vassilópitta« – des Basiliusbrotes, in dem vor dem Backen eine Münze verborgen wird. Wer das Stück mit der Münze erhält, soll angeblich der glücklichste Mensch des neuen Jahres werden.

Das Basiliusbrot schneidet der Hausherr in Scheiben. Das erste Stück wird Sankt Basilius geweiht, das nächste Stück ist für das Haus, dann erhält jedes Familienmitglied eins. Zuletzt wird ein großes Stück für die Armen abgeschnitten. In Methoni, auf dem Peloponnes, liegen alle Stücke in einer Schüssel und werden nach und nach herausgenommen: das erste für das Haus, das nächste für das »Kaiki« – das Boot –, dann ein Stück für die Armen und das vierte für den Hausherrn. Die Kinder dürfen an diesem Abend lange aufbleiben, Nüsse knacken und das Orakel befragen – leere Nüsse bedeuten Pech. Der Familienvater bricht einen Granatapfel auf, und je mehr Kerne er enthält, desto mehr Glück und Reichtum sind im künftigen Jahr zu erwarten.

Man glaubt, daß Sankt Basilius am Neujahrstag auf die Erde heruntersteigt und jedes Haus besucht. Darauf bereiten sich alle vor. Das Haus ist blitzblank geputzt, der Eßtisch ist reichlich gedeckt. Die Bewohner von Lemnos legen Granatäpfel auf die Tafel, stellen Süßigkeiten und Honig bereit. Anderswo ist es üblich, einen Olivenbaumzweig für die Gesundheit auf den Tisch zu legen und Münzen für das Glück. Auf Skyros füllen die Leute ein Schüsselchen mit Wasser und zwei Teller mit Pfannkuchen oder anderen Süßigkeiten. Sie legen einen Granatapfel für den heiligen Basilius bereit als süße Erfrischung und als Erquickung für seine Zunge, damit das Haus das ganze Jahr über »frisch und süß« bleiben möge.

Verschiedene magische Riten drehen sich um das Fest des Heiligen, und einer der wichtigsten ist die Erneuerung des Wassers. Mit »Sankt Basilius-Wasser« wird am Neujahrstag das Haus benetzt und gesegnet, ein Brauch, der wahrscheinlich aus der Antike stammt, mit dem man das Wohlwollen der Quellnymphen erbat. So besuchen auf Skyros die Frauen nach dem Kirchgang die Quelle oder den Brunnen und bitten um neues, frisches Wasser. In ihren Taschen haben sie als Opfergaben Feigen, Rosinen und Nüsse. Das »besprochene« Wasser bringen die Kinder nach Hause, und jeder trinkt davon.

In Griechenland werden noch heute so viele verschiedene Bräuche zum Neujahrstag ausgeübt, daß man sie kaum zählen kann. Daneben besuchen sich, wie auch in anderen Ländern Europas, Freunde und Verwandte gegenseitig, tauschen Geschenke und gute Wünsche aus. In manchen Gegenden stehen die Fenster und Türen an diesem Tag weit offen, so daß jeder, Freund oder Fremder, ins Haus kommen und sich an Wein, Kuchen oder Basiliusbrot stärken kann.

Hier das Rezept:

Vassilópitta – Basiliusbrot

Für 1 Springform von 28 cm Durchmesser:
500 g Mehl, Mehl zum Arbeiten
1 Würfel Hefe (40 g)
100 g Butter oder Margarine, Fett für die Form
100 g Zucker, 3 Eier, Gewichtsklasse M
1 Prise Salz, die abgeriebene Schale 1 unbehandelten
Orange
1 TL gemahlener Anis, 1 Eigelb
50 g Sesamsamen,10 geschälte, halbierte Mandeln

Mehl in eine Schüssel sieben und eine Mulde drücken.
Die Hefe mit 6 EL warmem Wasser verrühren, in die
Mulde geben, mit etwas Mehl vom Rand vermengen
und überstreuen. Zugedeckt 20 Minuten an einem warmen Ort gehen lassen.
Butter oder Margarine schmelzen, abkühlen lassen,
mit Zucker, Eiern, Salz, Orangenschale und Anis verquirlen und zum Vorteig geben. Alles mit den Knethaken des elektrischen Handmixers zu einem weichen
Teig verarbeiten. Zugedeckt 20 Minuten gehen lassen,
dann in die eingefettete Form geben. Eigelb mit 1 EL
Wasser verquirlen, den Teig damit bestreichen, mit Se-
sam bestreuen. Die Mandeln in der Teigmitte kreuzar-
tig obenauf legen. Das Brot 20 Minuten gehen lassen,
dann auf der mittleren Schiene des auf 180 Grad vorgeheizten Ofens 30-40 Minuten backen.

Epiphanias, der 6. Januar, gilt im orthodoxen Kirchenjahr als der Tag, an dem Jesus von Johannes im Jordan getauft wurde. Er wird auch im heutigen Griechenland mit großen Zeremonien gefeiert. An diesem Tag wird das Wasser geweiht, sowohl das aus der Erde als auch das im Meer. Nach der Weihe des Wassers in der Kirche besucht der Priester jedes Haus und besprengt alle Zimmer mit einem vorher in geweihtes Wasser getauchten Basilikumzweig.

Ein großes Ereignis ist die Weihe des Meeres, eine Zeremonie, die meist in einem größeren Hafen stattfindet. Von den großen Passagierschiffen bis zu den kleinen Fischerbooten ist alles versammelt. Und unter Glockenläuten, Pfeifen und Kanonenschüssen der vor Anker liegenden Marineschiffe wirft der Priester ein Kreuz ins Meer, nach dem junge Männer später tauchen.

Weihnachten in den
Alpenländern und Westeuropa

Österreich – Paradies für Naschkatzen und Weihnachtsfans

Kaum eine Landschaft vermittelt mehr weihnachtliche Atmosphäre als die verschneiten Alpen und ihre malerischen Täler. So zieht es nicht nur wegen des beliebten Wintersports alljährlich Besucher aus aller Welt in die stimmungsvoll verschneiten Alpenlandschaften. Sie möchten auch ein wenig profitieren von der behaglichen Atmosphäre in gemütlichen Hütten und Hotels, von den köstlichen Weihnachtsbäckereien und von weihnachtlichen Veranstaltungen und gelebtem Brauchtum in der Umgebung.

»Singzeit« hießen die Adventswochen früher in Österreich. Damals zogen vom ersten Advent bis zum Dreikönigstag die unbemittelten Schul- und Chorknaben, manchmal sogar begleitet von ihren Lehrern, in den Dörfern und Städten umher und sangen vor den Häusern geistliche Lieder. Beschenkt mit Münzen und Naturalien konnten die Burschen so ihr knappes Budget aufbessern.Der mit Strohsternen und roten Bändern geschmückte Adventskranz kommt erst seit Ende des Ersten Weltkrieges in Österreich zum Einsatz. Heutzutage unterliegt sein Outfit einem ähnlichen Modediktat wie der Christbaum. Im heutigen Österreich wird die Adventszeit von emsigen Vorbereitungen auf das Christfest, von zahlreichen bunten

Weihnachtsmärkten und Krippenausstellungen begleitet.

Auf dem Land treibt vereinzelt noch die »Berchtel«,
auch »Schiache Perchta« genannt, ihren derben Un-
fug. Die Zwiegestalt von Lichtbringerin und Dämonin
ging in den Donnerstagnächten durch die Dörfer und
strafte die Kinder mit der Rute, wenn sie nicht brav
gelernt und gesponnen hatten, oder schenkte ihnen
Hutzelbrot und Nüsse, wenn sie fleißig waren.

Auch der heilige Nikolaus wird von einem furchterregenden Gesellen begleitet, dem Krampus. Mit
Schellen behangen, in Felle gekleidet, manchmal sogar
in Teufelsgestalt mit einem Klumpfuß, straft der Krampus die unartigen Kinder mit seiner Rute oder, noch är-
ger, er bindet sie mit Ketten. Zum Glück gibt es in
Österreich keine wirklich unartigen Kinder, und so
kommen sie meist mit einem kleinen Schrecken davon.
Schokoladen-Krampusse, in buntbedrucktes Stanniol-
papier gewickelt, sind in Österreich so populär wie
etwa Schokoladen-Nikoläuse in Deutschland.

Österreich mit seinen weltberühmten Konditoreien
ist auch heute noch führend in der Zubereitung fein-
ster Backwaren. Der Duft von frisch gebackenen Vanillekipferln, Ischler Törtchen und verschiedensten
Lebkuchen, Früchtebroten und Husarenkrapferln
zieht den Passanten schon auf der Straße verführerisch in die vor Kälte geröteten Nasen. Zuckerbäcker,
Marzipan- und Schokoladenhersteller und Bon-
bonköche haben in der Alpenrepublik eine lange und
erfolgreiche Tradition. Die Lebzelter in Wien zum Bei-

spiel gründeten schon 1661 ihre eigene Zunft. Neben der Sachertorte, deren Originalrezept streng geheim ist, sind die Vanillekipferln wohl die über die österreichischen Grenzen hinaus bekanntesten Backwerke. Diese können zum Glück auch außerhalb der Alpenrepublik gebacken werden, zum Beispiel nach folgendem Originalrezept.

VANILLEKIPFERL

Zutaten für etwa 40 Stück:
150 g weiche Butter, 50 g Puderzucker
1 Prise Salz
100 g feingemahlene Haselnüsse oder Mandeln
200 g Mehl und Mehl zum Arbeiten
3 Päckchen Bourbon-Vanillezucker
2 EL feiner Kristallzucker

Butter, Puderzucker und Salz mit den Händen leicht verkneten. Haselnüsse oder Mandeln und Mehl nach und nach unterkneten, bis ein bröseliger Teig entstanden ist und sich alles gut verteilt hat. Diese Streusel zugedeckt über Nacht im Kühlschrank ruhen lassen.
Die Brösel am nächsten Tag zu einem immer noch mürben, aber formbaren Teig verkneten. 2 Rollen von je 30 cm Länge formen und in Klarsichtfolie gewickelt 2 Stunden in den Kühlschrank legen, Backofen auf 175 Grad vorheizen. Dann Folie entfernen und jede Rolle in 20 Stücke schneiden und aus jedem mit leicht

---

bemehlten Händen ein Kipferl – ein Hörnchen – formen. Kipferl mit 2 cm Abstand auf ein mit Backpapier
ausgelegtes Blech legen und in Ofenmitte 15-20 Minuten backen, so daß das Gebäck nur leicht Farbe an-
nimmt.
Bourbon-Vanillezucker und Kristallzucker auf einem
tiefen Teller vermischen und die noch heißen Kipferl
darin wenden. Auf dem Kuchengitter abkühlen lassen
und in einer Blechdose aufbewahren.

Ein Besuch Wiens in der Vorweihnachtszeit ist allemal ein
Erlebnis. Vom ersten Adventssonntag an werden im Österreichischen Museum für Volkskunde in Wien historische
Krippen ausgestellt, die man sogar noch am Heiligen Abend
besichtigen kann. Jedes Jahr bildet eine besonders attraktive,
liebevoll bis ins kleinste Detail ausgearbeitete Krippe den
Höhepunkt der Ausstellung. 1996 wurde zum Beispiel die
Jaufenthaler-Krippe präsentiert. Diese Barockkrippe, mit
256 bekleideten Figuren, über 1000 Einzelteilen und einer
Fläche von gut 22 Quadratmeter zählt zu den größten und
schönsten Krippen der Republik.

Der Wiener Adventszauber und zahlreiche stimmungsvolle Christkindlmärkte – im Schloß Schönbrunn, am Spit-
telberg oder auf dem Rathausplatz – laden zum gemütlichen
Bummeln ein.

Auf dem Rathausplatz ist der meterhohe alte Baumbe-
stand in der Adventszeit lustig geschmückt. Jeder Baum hat
da seine Spezialität. Riesige, in Lackfolie gewickelte Bonbons, rote Herzen und übergroßes, poppig-buntes Kinder-

spielzeug hängen in Girlanden in den stämmigen Ästen der Bäume im Rathauspark und sind nachts sogar von innen beleuchtet. Zusammen mit dem Christkindlmarkt gibt das ein heiteres, originelles Bild.

Auf diesem Weihnachtsmarkt findet man auch noch Bündel mit buntem Bonbon-Papier, in das man selbstgefertigte Naschereien wickeln und mit denen man den Weihnachtsbaum schmücken kann. 1816 wurde der lichtergeschmückte Baum übrigens von einer gebürtigen nassauischen Prinzessin und späteren Erzherzogin am österreichischen Hofe eingeführt und fand von dort aus raschen Einzug in die bürgerlichen Haushalte.

Informationen erteilen: Wiener Tourismusverband, Obere Augartenstraße 40, A-1025 Wien, Telefon 00431/211140, Fax: 00431/2168492; Österreich Werbung, Mannheimer Straße 15, 60329 Frankfurt/Main, Telefon 069/24242522; Österreichisches Museum für Volkskunde, Gartenpalais Schönborn, Laudongasse 15-19, A-1080 Wien, Telefon 00431/4068905

Am Heiligen Abend wird in den Familien traditionell panierter Karpfen gegessen, bevor am ersten Weihnachtstag die lecker gefüllte Gans auf den Tisch kommt.

Die Karpfenfilets werden mit Zitronensaft und etwas Zucker eingerieben und ein bis zwei Tage kalt gestellt. Das hebt das Aroma hervor und beseitigt unangenehmen Fischgeruch. Die Filets werden anschließend mit Mehl, Eiern und Semmelbröseln paniert und in heißem Schweine- oder Butterschmalz fritiert. Dazu gibt es Erdäpfelsalat, der mit den sogenannten

Kipfler zubereitet wird, einer länglichen, speckigen Kartoffelsorte.

WIENER ERDÄPFELSALAT

Zutaten für 4 Personen:
500 g speckig kochende Kartoffeln, Salz
1/6 l klare Rindssuppe, 1/16 l Weißweinessig
2 EL Öl
weißer Pfeffer aus der Mühle
1 Prise Zucker

Die Kartoffeln kochen, pellen und noch warm in dünne Scheiben schneiden. In eine Schüssel geben, mit Salz bestreuen und mit wenig Brühe beträufeln. Aus der restlichen Brühe mit Essig, Öl, Pfeffer und Zucker eine Marinade rühren und diese über die Kartoffeln gießen. Vorsichtig unterheben und den Salat 30 Minuten ziehen lassen.

Nach Wunsch kann der Salat mit Feldsalatsträußchen – Vogerlsalat –, gehackter Petersilie oder mit gewiegten Schalotten garniert und verfeinert werden. Der Erdäpfelsalat schmeckt übrigens auch außerhalb der Weihnachtssaison, besonders zu einem zarten Wiener Schnitzel.

Nach köstlichem Mahl und der Christmette fand früher im ländlichen Österreich das »Baumwecken« statt. Bauer,

Bäuerin und Gesinde gingen zu jedem Obstbaum, klopften an den Stamm und sagten einen Vers, der sich von Generation zu Generation vererbt hatte. Mit diesem Spruch wurde jeder Baum daran erinnert, daß Weihnachten ist und daß er im kommenden Jahr fleißig Früchte tragen möge.

Getrocknete und kandierte Früchte waren vor noch nicht allzu langer Zeit besonders in der Alpenregion das einzige Obst, das es im strengen Winter gab, und zudem eine begehrte Süßigkeit in Zeiten, als Zucker noch nicht industriell hergestellt wurde. In Bozen wußte man aus den Früchten in der Vorweihnachtszeit herrliche Brote herzustellen, die Bozener Zelten. Nach alter Sitte sollten die Zelten am Thomastag, dem 21. Dezember, gebacken werden. Doch schmeckt das Früchtebrot besonders gut, wenn es genügend Zeit hat, sein Aroma zu entwickeln und wurde deshalb gerne schon gut zwei Wochen vor dem Christfest gebacken. Dann wanderten die Laibe in die Korntruhen, wo sie lichtgeschützt und kühl lagerten. Die Bäckerin mußte gut kalkulieren und so viele Zelten backen, daß sie bis zum Tag des heiligen Sebastian am 20. Januar vorrätig waren. Denn nach altem Brauch sollte zu diesem Datum das letzte Brot angeschnitten werden.

BOZENER WEIHNACHTSZELTEN

Zutaten für ein Backblech:
500 g Rosinen, 500 g Sultaninen
150 g Datteln ohne Steine, 250 g Feigen
je 75 g Zitronat und Orangeat am Stück
100 g Walnußkerne, 250 g Mandeln
100 g Pinienkerne
Saft und Schale von 3 Orangen, unbehandelt
1/4 l guter Weinbrand, 150 g Zucker
1/8 l brauner Rum
1 gute Prise Salz, 1 1/2 TL gemahlener Zimt
1 TL gemahlene Nelken, 1fein zerstoßener Sternanis
350 g Brotteig (vom Bäcker), Honig zum Bestreichen
geschälte, halbierte Mandeln, Walnußkerne, kandierte
Früchte zum Verzieren

Rosinen und Sultaninen waschen und trocknen. Mit den Datteln fein hacken. Feigen, Zitronat und Orangeat in feine Streifen schneiden. Nüsse und Mandeln grob hacken. Diese Zutaten in einer großen Schüssel vermengen. Orangensaft und -schale, Weinbrand und 50 g Zucker unterrühren und die Mischung mit Folie bedeckt über Nacht ziehen lassen.
Am nächsten Tag das Backblech mit Backpapier auslegen, den Backofen auf 220 Grad vorheizen. Rum, Salz, Gewürze und den restlichen Zucker unter die Fruchtmischung rühren. Dann alles gleichmäßig mit dem Brotteig verkneten.

Aus dieser Masse längliche, gut 4 cm dicke und 20 cm lange Zelten formen und auf das Blech legen. Die Oberflächen mit Nüssen und Mandeln verzieren. In Ofenmitte etwa 60 Minuten backen. Dabei die Zelten immer wieder mit Honig, verrührt mit etwas Wasser, bestreichen.

Dann aus dem Ofen nehmen, zurechtgeschnittene kandierte Früchte auf die Zelten legen und noch heiß mit Honigmischung bestreichen. Die Zelten auf dem Kuchengitter abkühlen lassen.

Die Schweiz – Weihnachtsdesigner und Klausjäger

Chur, Basel, Bern, Solothurn, Montreux, Zürich mit ihrem stimmungsvollen Weihnachtsmarkt – auch »Chlausemäret« oder »Christkindlimarkt« genannt – sind einige der vielen Anziehungspunkte für Einheimische und Besucher der winterlichen Schweiz.

Nach alten Bräuchen finden in der Weihnachtszeit auch zahlreiche Umzüge und Wettbewerbsveranstaltungen in der gesamten Schweiz statt. Neben den im Folgenden erwähnten Terminen informiert das Fremdenverkehrsbüro der Schweiz (Schweiz Tourismus, Landesvertretung für Deutschland, Kaiserstraße 23, 60311 Frankfurt/Main, Telefon 069/2560010, Fax:

069/25600138) über die mannigfaltigen traditionellen Aktivitäten.

Eine besondere Attraktion in Sursee bei Luzern ist das »Gansabhauet«, das mit einem prächtigen Schauspiel jährlich zahlreiche Besucher aus nah und fern anzieht. Jeden 11. November wird auf einer Bühne vor dem Rathaus eine tote Gans mit den Füßen nach unten aufgehängt. Junge Burschen in purpurroter Kostümierung, versehen mit einer Augenbinde und einer imposanten Sonnenmaske, versuchen, die Gans mit einem Hieb eines ungeschliffenen Säbels herunterzuschlagen. Nicht bekannt ist, woher dieser 1821 erstmals aufgezeichnete Brauch stammt. Doch wird vermutet, daß er im Zusammenhang mit der zu Sankt Martin üblichen Überreichung der Naturalabgaben an die Grundherren steht. Begleitet wird das Spektakel von Kinderspielen, wie einem Wettbewerb im Grimassenschneiden oder anderen Vergnügungen, die seit etwa 1880 bekannt sind.

Etwa zwei Wochen später verschwindet die winterlich bedächtige Stimmung, und in der Stadt Bern herrscht reges, buntes Treiben. Der »Zibelemärit« – der Zwiebel- und Gemüsemarkt – findet jeden vierten Montag im November statt. Der Markt kann auf eine lange Tradition zurückblicken. 1405 wütete in der Stadt Bern eine verheerende Feuersbrunst. Doch die Landwirte aus dem Umland kamen zu Hilfe und versorgten die obdachlos gewordenen Berner mit allem, was ihre Höfe hergaben. Heutzutage ist der Zibelemärit ein ausgelassenes Fest. Der Umzug der »Zibelgrinde« – prächtig kostümierte Männer mit riesigen Zwiebelhüten – bildet den Höhepunkt des Marktes. Auch ein Feuerwerk gibt es zu bestaunen, und bis spät in die Nacht wird getanzt. Aber schon am nächsten Tag wird es wieder vorweihnachtlich still in der Stadt.

In Küsnacht am Vierwaldstättersee ziehen am Vorabend des Nikolaustages sonderbare Gestalten durch die Straßen, die von Peitschenknallern angekündigt werden. Etwa 200 Männer und Frauen tragen riesige Bischofshüte – »Iffele« –, die durchbrochen und von innen mit Kerzen beleuchtet sind. Sie begleiten den heiligen Nikolaus damit auf seinem Gang durch das Dorf. Überall auf den Straßen ertönt das Läuten schwerer Glocken, tönen Hörnerklang und Blasmusik. Früher war das »Klausjagen«, so wird dieser Umzug genannt, allerdings eine recht wilde Angelegenheit. Denn der heilige Nikolaus wurde damals keinesfalls freundlich begleitet, sondern im Gegenteil von der Dorfjugend in wilden Jagden durch den Ort gehetzt.

Ganz typisch für das Appenzell sind die »Totebeili«. Ursprünglich wurden sie als Seelengebäck in Form kleiner Knochen zu Allerheiligen gebacken. In der Nacht auf Allerseelen sollten sie die wiedergekehrten Seelen laben und den Gastgebern Glück bringen. Erst am nächsten Tag wurden die Totebeili von ganz lebendigen Familien und ihren Freunden und Nachbarn vernascht. Inzwischen versüßen Totebeili die bunten Teller zu Weihnachten. Und zu Silvester werden sie sogar noch einmal frisch gebacken und an die prachtvoll gekleideten, umherziehenden Silvesterkläuse verschenkt.

Diese Kläuse tragen weibliche und männliche Kostüme mit kunstvollen und mit aber Tausenden Perlen bestickten Hauben. Unter der Verkleidung stecken aber immer Burschen, die tanzend von Haus zu Haus ziehen. Die Glocken an ihren Kostümen läuten noch ins nächste Tal hinein. Mit diesem Läuten sollen die Götter der Fruchtbarkeit günstig gestimmt werden. Um die Kläuse zufriedenzustellen, wird das Gebäck nach folgendem Rezept gebacken:

APPENZELLER TOTEBEILI

Zutaten für etwa 100 Stück:
500 g Mehl und Mehl zum Ausrollen
4 Eigelbe
150 g feiner Zucker und Zucker zum Bestreuen
1 Päckchen Bourbon-Vanillezucker
2 EL Rum, 1 Prise Salz
300 g Butter, 1 Ei

Das Mehl in eine Schüssel sieben, in die Mitte eine Mulde drücken. Eigelb, Zucker, Vanillezucker, Rum, Salz und die Butter in Stückchen in die Mulde geben. Alles mit den Händen zu einem festen, glatten Teig verkneten. Sollte der Teig zu trocken sein, ein wenig Wasser zugeben.
Den Teig zu einer Kugel formen und in Folie gewickelt 1 Stunde im Kühlschrank ruhen lassen. Den Backofen auf 200 Grad vorheizen.

Die Folie entfernen, den Teig auf der bemehlten Arbeitsfläche 1 cm dick ausrollen und in 1 x 5 cm große Stangen schneiden. Diese auf das mit Backpapier ausgelegte Blech legen, mit verquirltem Ei bestreichen und mit etwas Zucker bestreuen. In Ofenmitte 10-12 Minuten backen, die Totebeili sollen kaum Farbe annehmen. Anschließend aus dem Ofen nehmen und zum Abkühlen auf das Kuchengitter setzen.

Der erste weihnachtliche Lichterbaum in der Schweiz wurde nach der Überlieferung 1775 in Zürich aufgestellt. Der »Samichlaus« – der Nikolaus – brachte ihn damals noch als Clausbaum am 6. Dezember. Kaum 25 Jahre später zierte er die Zürcher guten Stuben am Heiligen Abend, jedoch immer noch im Zusammenhang mit dem Claus, nicht dem Christkind. Erst im 19. Jahrhundert hielt der Christbaum auch in den Häusern auf dem Land Einzug und verdrängte den Weihnachtsklotz (s. Seite 176f.) weitgehend. Nur in manchen Gegenden in den Alpen und der Westschweiz konnte sich der Weihnachtsbaum bis heute noch nicht ganz durchsetzen.

Keine Frage, Basel ist weit über die Schweizer Grenzen hinaus bekannt für seine Leckerli, die köstlichen Honigkuchenschnitten mit einem guten Schuß Kirschwasser. Hier das Rezept:

BASLER LECKERLI

Zutaten für etwa 90 Stück:
350 g Honig, 150 g brauner Zucker
50 g Butter
400 g Weizenmehl Type 1050
je 125 g gemahlene Mandeln und Haselnüsse
je 50 g gehacktes Orangeat und Zitronat
1 Päckchen Lebkuchengewürz
1 TL gemahlener Ingwer, 1/2 TL gemahlener Karda-
mom
1 Prise Salz
die abgeriebene Schale je 1 unbehandelten Zitrone
und Orange
1 1/2 gestrichene TL Pottasche
1 mittelgroßes Ei, 5 EL Kirschwasser
100 g Puderzucker

Honig, Zucker und Butter in einem kleinen Topf kochen, bis sich der Zucker aufgelöst hat, dann abkühlen
lassen. Mehl, Nüsse, Orangeat, Zitronat, Gewürze,
Salz, Zitronen- und Orangenschale gut vermischen. In
3 EL Kirschwasser die Pottasche auflösen und mit dem
Ei und der Honig-Butter-Mischung zu den übrigen Zutaten geben. Alles mit dem elektrischen Handmixer
gründlich verkneten. Den Teig auf ein mit Backpapier
ausgelegtes Blech verteilen und mit leicht angefeuchteten Händen glattstreichen. Mit einem Küchentuch zugedeckt über Nacht an einem kühlen Ort ruhen lassen.

Am nächsten Tag den Backofen auf 175 Grad vorheizen. Den Teig auf der Mittelschiene 30-40 Minuten backen, dann aus dem Ofen nehmen.
Den Puderzucker mit dem restlichen Kirschwasser verrühren und den noch heißen Kuchen damit bestreichen. Dann leicht abkühlen lassen und in etwa 3 cm große Quadrate oder Rauten schneiden. Vorsichtig auf das Kuchengitter setzen und abkühlen lassen. In Blechdosen aufbewahren.

Doch eine weitere Attraktion droht dem Gebäck den Rang an Berühmtheit abzuluchsen, und zwar der Christbaumschmuck des ehemaligen Antiquitätenhändlers, jetzt Weihnachtsdesigners Johann Wanner. Wanner läßt Christbaumschmuck nach historischen Vorlagen eigens in Glashütten in Thüringen und Böhmen anfertigen und liefert zuweilen bis nach Kalifornien. Ganz nach Geschmack kann man sich in seinem Geschäft mit glitzernden Würsten, Weihnachtsmännern, Schornsteinfegern oder silbernen Schwänen eindecken, oder sich gar seinen Weihnachtsbaum individuell gestalten lassen. Ein Besuch des mit 120 phantasievoll dekorierten Christbäumen ausgestatteten Geschäfts lohnt sich auf jeden Fall (Wanners Weihnachtshaus, Spalenberg 14, CH-4000 Basel, Telefon 004161/2614826, Fax: 004161/2614892).

In Graubünden, im Dorf Scuol, sichern sich die Burschen nach altem Brauch am 26. Dezember nicht nur ihr »Pan Gronz« – das Birnbrot –, sondern, wenn sie Glück haben, auch das Herz ihrer Angebeteten.

In Gruppen ziehen die Burschen mittags zu den Eltern-
häusern ihrer favorisierten Mädchen, wo sie im Glücksfall
schon erwartet werden. Schon von fern rufen sie auf rätoro-
manisch »Dà a mai! Dà a mai!«, was soviel bedeutet wie
»Gib es mir! Gib es mir!«. Und das Mädchen gibt das Birnbrot dem Jungen ihrer Wahl.

Gemeinsam werden die Brote am Nachmittag von den
Familien genossen. Doch vorher geht es zum Rodeln, wobei jeder Junge sein Mädchen auf dem Schlitten mitnimmt.

Das begehrte Brot wird folgendermaßen hergestellt:

BIRNBROT

Zutaten für 1 großes Brot:
350 g Mehl und Mehl zum Arbeiten
60 g Zucker, 20 g Hefe
1/8 l lauwarme Milch
60 g geschmolzene, abgekühlte Butter
1 mittelgroßes Ei, 1 Prise Salz
250 g grob gehackte getrocknete Birnen
125 g grob gehackte, entsteinte Backpflaumen
75 g dunkle Rosinen, 2 EL Zitronensaft
60 g feingehackte Walnußkerne
60 g Zucker, 2 EL Kirschwasser
die abgeriebene Schale 1/2 Zitrone, unbehandelt
je 1/4 TL Zimt- und Muskatpulver
2 EL Rotwein
1 Ei zum Bestreichen

Mehl in eine Schüssel sieben, Zucker darüber streuen und in die Mitte eine Mulde drücken. Die Hefe in der Milch auflösen und in die Mulde gießen. Mit etwas Mehl vom Rand bestreut zugedeckt an einem warmen Ort 15 Minuten gehen lassen.

Dann Butter, Ei und Salz zufügen und alles zu einem glatten, elastischen Teig verkneten. Zugedeckt 30 Minuten gehen lassen. Anschließend den Teig 10 Minuten kräftig kneten und schlagen, damit er genug Luft bekommt und schön locker wird. Weitere 40 Minuten zugedeckt gehen lassen. In der Zwischenzeit für die Füllung 3/8 l Wasser aufkochen. Birnen, Pflaumen, Rosinen und Zitronensaft hineingeben und unter Rühren 10 Minuten bei schwacher Hitze ziehen lassen. Dann die Früchte gut abtropfen lassen und im Blitzhacker fein zerkleinern. Das Mus mit allen weiteren Zutaten vermengen.

Das Backblech mit Backpapier auslegen. Den Hefeteig auf der bemehlten Arbeitsfläche auf 40 x 40 cm ausrollen. Die Füllung bis 3 cm vor den Teigrand daraufstreichen. Die freien Kanten über die Füllung falten, dann den Teig fest aufrollen. Auf das Blech legen, die Oberfläche der Rolle mit der Gabel mehrmals leicht einstechen. Zugedeckt 1 Stunde gehen lassen.

Den Backofen auf 175 Grad vorheizen. Das Birnbrot mit dem Eigelb, verquirlt mit 1 EL Wasser bestreichen und in Ofenmitte 30-35 Minuten backen. Warm oder kalt, auf jeden Fall frisch servieren.

Frankreich – Bûche de Noël und Santons

Im Vergleich mit Deutschland oder den Alpenländern gestaltet sich die Weihnachtszeit in Frankreich eher zurückhaltend. In der Adventszeit duften Häuser und Wohnungen natürlich auch nach Selbstgebackenem, die Wohnräume erscheinen in festlichem Glanz, doch die Vorbereitungen auf das Weihnachtsfest nehmen nicht so viel Aufmerksamkeit und Zeit in Anspruch wie anderswo.

Weihnachtsmärkte wie wir sie kennen, haben nur Elsaß und Provence zu bieten. Doch lohnt sich auch gerade in der Vorweihnachtszeit eine Kurzreise in die weihnachtlich dekorierte Metropole Paris. Bei einem Bummel durch die Geschäftsstraßen mit ihren feierlich ausstaffierten Schaufenstern läßt sich hier und da ein besonders originelles und hübsches Geschenk, auch für sich selber, finden. Und vor dem Rathaus findet alljährlich eine Ausstellung zu Weihnachtsbräuchen in einem anderen Land statt (Informationen über das Französische Fremdenverkehrsamt,Telefon 0190/570025, Fax: 0190/599061). Schon am 26. Dezember ist die weihnachtliche Festzeit in ganz Frankreich – bis auf das Elsaß – allerdings beendet, und jedermann nimmt wieder seine normale Arbeit auf.

»Santons« – die »kleinen Heiligen«

Ganz typisch für die Provence sind die »Santons«, die Krippenfiguren, die Handwerker von Marseille bis Nizza, von Arles bis Avignon aus Ton formen und liebevoll bunt bemalen und bekleiden. Die fröhlichen Figuren stellen zum Beispiel Handwerker, Milchfrauen, Fischer, Jäger, Wäscherinnen, Bürgermeister, Bauern und Kaufleute dar, die allesamt, mit Ausnahme der Heiligen Familie, in der typischen Kleidung des 19. Jahrhunderts auftreten. Auf eigenen Märkten werden diese Figuren in der Provence feilgeboten und finden regen Absatz nicht nur bei der heimischen Bevölkerung. So schmücken die Santons zuweilen auch die guten Stuben im Norden und außerhalb Frankreichs und verzaubern sie mit ihrem lebensfrohen, südlichen Flair.

»Le réveillon« – der Weihnachtsschmaus

Den Höhepunkt der Weihnachtssaison in Frankreich bildet das opulente Festessen am Heiligen Abend, das im Land der Gourmets und Spitzenköche Delikatessen von höchster Güte zu bieten hat. In der Vorweihnachtszeit haben die Feinkostgeschäfte eine noch reichere Auswahl an exquisiten Lebensmitteln. Käse aus allen Regionen Frankreichs, Schalen- und Krustentiere, wertvolle Fische und frisches Wild und Geflügel finden reißenden Absatz.

Nach der Christmette gibt es bei unseren westlichen

Nachbarn den Réveillon – das traditionelle Festessen. Entweder zu Hause oder in einem ausgesuchten Restaurant werden zu später Stunde in ausgelassener Runde die köstlichsten Gerichte genossen. Austern, eine süße Mandelsuppe mit geröstetem Weißbrot, weiße und dunkle Würste und raffinierte Wildpasteten sind nur das Entrée des traditionellen Weihnachtsmenüs. Ein köstlich mit Trüffeln oder Maronen gefüllter Truthahn bildet den Hauptgang.

Doch damit ist die Schmauserei keineswegs abgeschlossen, den Käse zum Dessert und den obligatorischen »Bûche de Noël«, eine Schokoladen-Biskuitrolle, wird keiner freiwillig ausschlagen.

Und natürlich fehlt es auch nicht an den ausgesuchtesten Getränken, die das Land zu bieten hat – Champagner, Weiß- und Rotweine und ein guter Cognac oder Calvados begleiten das Weihnachtsmenü.

Im Süden Frankreichs, in der Provence, wird das Weihnachtsmenü nach altem Brauch aus Zutaten mit symbolhaftem Charakter zusammengestellt. Bestehend aus einem gebratenen Hahn, zwölf gesottenen Rebhühnern und 30 Eiern und Trüffeln, ist es das Symbol für das vergangene Jahr, seine Monate und Tage, die mit diesem Menü gebannt werden sollen, um dem kommenden, hoffentlich glücklichen Jahr den Weg zu ebnen.

Der Trend zu leichteren Gerichten, die sich schnell und unkompliziert zubereiten lassen und es der Hausfrau ermöglichen, gemeinsam mit ihrer Familie die Festtage zu genießen, hält inzwischen aber auch Einzug in die Festküche. Ein leichter, köstlicher Festtags-

braten ist die Poularde, die mit Porree, Kartoffeln und
Trüffeln unter einer Teighaube schmort.

POULARDE AUX PETITS LÉGUMES –
POULARDE MIT FEINEM GEMÜSE

Zutaten für 6 Personen:
500 g Mehl, Salz, 45 g Butter
250 g Zwiebeln, in feine Streifen geschnitten
*500 g Porree, weiße und hellgrüne Blätter in feine
Ringe geschnitten*
*600 g festkochende Kartoffeln, geschält und in dünne
Scheiben geschnitten*
1 Möhre, geschält und in dünne Scheiben geschnitten
10 g Trüffel, gehackt
*4 EL Trüffelöl (dafür eine Woche vorher ein minde-
stens 10 g schweres Trüffelstück mit neutralem Spei-
seöl bedeckt in einem verschlossenen Glas im Kühlschrank ziehen lassen)*
*250 ml trockener Elsässischer Weißwein, 500 ml Ge-
flügelfond*
schwarzer Pfeffer aus der Mühle
*1 frische, küchenfertige Freiland-Poularde von etwa
1,6 kg*
1 Eigelb

Das Mehl, 1 TL Salz und 170 ml Wasser zu einem glatten Teig verkneten, zu einer Kugel formen und offen
ruhen lassen. Den Backofen auf 250 Grad vorheizen.

Die Butter in einer Kasserolle erhitzen und Zwiebeln, Porree und Möhre darin bei Mittelhitze 3 Minuten andünsten, vom Herd nehmen.

In einen großen ofenfesten Topf erst die Kartoffelscheiben, dann die Zwiebel-Porree-Mischung geben. Kräftig mit Salz und Pfeffer würzen und mit den gehackten Trüffeln bestreuen, Trüffelöl überträufeln.

Die Poularde waschen, abtrocknen und innen und außen mit Salz und Pfeffer bestreuen. In die Mitte auf das Gemüse setzen. Weißwein und Geflügelfond angießen. Den Teig etwas größer als den Durchmesser des Topfes ausrollen und als Deckel auf den Topf legen. Die Ränder fest andrücken und den Teigdeckel mit Eigelb bestreichen. Die Poularde im Ofen 1 Stunde garen. Dann sofort servieren. Den Teigdeckel erst bei Tisch entfernen, so daß der köstliche Duft der geschmorten Poularde beim Öffnen des Deckels entweichen kann.

Der »Bûche de Noël«, die Schokoladen-Biskuitrolle in Form eines Holzstammes, ist der optische Glanzpunkt der weihnachtlichen Festtafel. Das Gebäck mit seinem eingekerbten dunklen Crememantel und den an Jahresringe erinnernden Creme- und Teigschichten symbolisiert den traditionellen Weihnachtsklotz, der damals in Frankreich, der französischen Schweiz, Teilen Belgiens, aber auch auf dem Balkan und in England an Stelle des Weihnachtsbaumes stand.

Der mächtige Weihnachtsklotz, oder auch ein imposanter Wurzelstock, sollte früher möglichst während der gesamten

Weihnachtstage im Kamin brennen und mit seinem Licht und seiner Wärme unhold gestimmte Geister und Dämonen fernhalten. Doch schon 1605 wurde laut einer Chronik im Elsaß der erste Weihnachtsbaum aufgestellt, geschmückt mit rotwangigen Äpfeln und Kerzen, wie auf Seite 61 bereits geschildert. Vom Elsaß aus hielt der Weihnachtsbaum langsam Einzug in die Häuser Frankreichs und verdrängte den Weihnachtsklotz immer mehr. Im Jahr 1840 entzündete die deutschgebürtige Herzogin von Orléans den ersten Weihnachtsbaum in den Tuilerien in Paris und milderte damit ein wenig ihr Heimweh in der festlichen Zeit. Doch der Weihnachtsklotz ließ sich nicht gänzlich verdrängen. Als Bûche de Noël aus Biskuit und Schokoladencreme kommt er noch jedes Jahr zu Weihnachten auf den Tisch, und jedermann freut sich schon darauf.

BÛCHE DE NOËL – SCHOKOLADEN-BISKUITROLLE

Zutaten für 1 Biskuitrolle:
3 mittelgroße Eier, 3 Eigelbe
75 g Zucker, 60 g Mehl
15 g Speisestärke, 1 Messerspitze Backpulver
200 g Zartbitter-Schokolade
<u>Für die Creme:</u>
5 Eigelbe, 150 g Puderzucker
1/8 l Milch, 150 g Butter
2 EL Cognac
Puderzucker zum Bestreuen

Backofen auf 200 Grad vorheizen, Backblech mit Backpapier auslegen. Eier, Eigelbe und 1 EL heißes Wasser weißcremig aufschlagen. Dann den Zucker unterrühren, bis er sich aufgelöst hat. Mehl, Speisestärke und Backpulver mischen, über die Eiercreme sieben und unterheben. Den Teig auf das Blech streichen, Enden des Papiers einknicken, so daß der Teig nicht über den Rand laufen kann.

Auf der mittleren Schiene 10-15 Minuten backen. Die Teigplatte anschließend auf ein leicht feuchtes Küchentuch stürzen, das Backpapier schnell mit kaltem Wasser bestreichen und abziehen. Den Teig mit einem feuchten Tuch bedecken.

Für die Creme die Schokolade und die Butter auf dem heißen Wasserbad schmelzen, die Milch erhitzen. Eigelbe und Puderzucker schaumig schlagen und die kochende Milch nach und nach unterrühren.

Die Creme in der Schlagschüssel auf Eiswasser kalt rühren. Dann die Schokoladen-Buttermischung und den Cognac unterrühren. Die Biskuitplatte mit der Hälfte der Creme bestreichen und aufrollen. Mit Klarsichtfolie abgedeckt im Kühlschrank 1 Stunde ruhen lassen. Anschließend knapp ein Drittel der Rolle schräg abschneiden und als Ast an die Biskuitrolle setzen.

Die restliche Creme kurz durchrühren und mit dem Spritzbeutel mit mittelgroßer Sterntülle Längsstreifen auf das Gebäck dressieren, so daß ein Baumrinden-Muster entsteht. Leicht mit Puderzucker überstäubt, mit einem kleinen Stechpalmenzweig dekoriert servieren.

Das Christkind und Hans Trapp im Elsaß

Noch zur Empirezeit fand die Bescherung in Frankreich an Neujahr statt. Dieses Datum besitzt eine lange Tradition, denn schon die alten Römer beschenkten sich an diesem Tag mit kleinen, liebevollen Aufmerksamkeiten. Inzwischen ist in Frankreich der 25. Dezember der Tag, an dem Geschenke ausgetauscht werden, ähnlich wie in Großbritannien. Die Kinder stellen am Heiligen Abend vor dem Zubettgehen ihre sorgfältig blankgeputzten Schuhe vor den Kamin oder die Tür. Am nächsten Morgen finden sie diese dann gefüllt mit köstlichen Naschereien und umgeben von den sehnlich erwarteten Geschenken vor.

Im Elsaß wird das Christkind von einer ganz in Weiß gekleideten jungen Frau dargestellt, die eine goldene Krone mit brennenden Kerzen auf ihrem Haupt trägt. Das Christkind besucht die Kinder, begleitet von Hans Trapp, einem düsteren Gesellen mit schwarzem Gesicht und zotteliger Fellkleidung. Hans Trapp fuchtelt furchterregend mit seiner Rute umher, und droht die unartigen Kinder zu bestrafen. Doch das friedvolle Christkind setzt sich auch für die Unartigen ein, schützt sie vor dem rohen Kerl und beschenkt sie. Dieser Hans Trapp hat übrigens ein lebendiges Vorbild, will man der Legende glauben. Damals, im 16. Jahrhundert, war Hans von Dratt Hofmarschall des im Elsaß regierenden Kurfürsten von der Pfalz. Sein unerschöpflicher Reichtum an Intrigen und Quälereien war legendär, und die Elsässer hatten damals arg unter ihm zu leiden.

Mit Sinterklaas und Zwarte Piet in die Weihnachtszeit

In den Niederlanden und im flämischen Teil Belgiens sind »Sinterklaas« – der Nikolaus – und seine Begleiter, die Zwarte Pieten, seit jeher die Hauptpersonen in der Vorweihnachtszeit. Schon gegen Mitte November trifft der heilige Mann mit seinen Helfern auf dem Seeweg, aus Spanien kommend, in Holland und Belgien ein. Aus Spanien deshalb, weil Bari, der Aufbewahrungsort der sterblichen Überreste des heiligen Nikolaus, im 17. Jahrhundert unter spanischer Herrschaft stand.

Mit Pomp und Festlichkeiten werden die Kinderfreunde in jeder größeren Hafenstadt der Niederlande und Teilen Belgiens begrüßt. Wie bei einem großen Volksfest feiert man ihre Ankunft mit Musik, Jubelrufen und warmen Getränken. Nicht nur die Kinder, auch deren Eltern und Großeltern stehen fähnchenschwingend an den Molen.

Daß Sinterklaas und die Zwarte Pieten gleichzeitig in mehreren Städten auftreten können, zählt zu ihren großen Geheimnissen. Während Sinterklaas nach seiner Ankunft das Ufer betritt und seinen Schimmel besteigt, verteilen seine wieselflinken Helfer eifrig Nüsse, Kekse und kleine Geschenke an die Kinder. Besonders beliebt sind die »Speculaas«, die gewürzten Spekulatius, die bei uns auch im Rheinland beheimatet sind. Der Name Speculaas leitet sich vermutlich vom lateinischen speculator ab, was Bischof bedeutet. Die in kunstvoll geschnitzten Holzmodeln geformten, recht großen Gebäckstücke stellen so auch oft den heiligen Mann als prächtig gekleideten Bischof, auf einem Pferd sitzend, dar.

In Holland werden die köstlich gewürzten Spekulatius in verschiedensten Variationen, auch gefüllt mit Marzipan, in jeder Bäckerei verkauft. Aber wer ausreichend Zeit hat und eventuell besonders schöne Holzmodeln besitzt, läßt es sich nicht nehmen, seine eigenen Spekulatius, zum Beispiel nach folgendem Rezept, zu Hause zu backen.

SPECULAAS – GEWÜRZ-SPEKULATIUS

Zutaten für etwa 70 kleine oder 3 große Figuren:
350 g Mehl und Mehl zum Arbeiten
1/2 TL Backpulver, 1 EL gemahlener Zimt
Je 1/2 TL gemahlene Muskatblüte und Anis
je 1/4 TL gemahlener Ingwer, abgeriebene Muskatnuß
und gemahlene Gewürznelken
1 gute Prise Salz, 200 g Butter
250 g möglichst dunkler brauner Zucker, 3 EL Milch
geschälte, halbierte Mandeln und Mandelstifte zum
Belegen der Figuren
Holzmodeln, falls vorhanden, zum Ausformen der Figuren

Den Backofen auf 175 Grad vorheizen, Backbleche mit Backpapier auslegen. Das Mehl sieben und mit Backpulver, den Gewürzen und Salz in einer Schüssel

181

vermischen. Butter und Zucker in einer anderen Schüssel mit dem elektrischen Handmixer gut 10 Minuten schaumig aufschlagen. Dann die Mehlmischung und die Milch portionsweise unterrühren, zum Schluß unterkneten und den Teig zu einer Kugel formen.

Den Teig nun portionsweise, je nach Größe der Modeln etwa 1/2 cm dick zwischen zwei Lagen Frischhaltefolie ausrollen. Die obere Folie abziehen, den leicht mit Mehl eingestäubten Model darauf legen und eindrücken. Den Model mit dem Teig umdrehen, Folie abziehen und den Teig auf das Backblech klopfen, dabei falls nötig, den Teig mit einem spitzen Messer am Rand etwas lösen.

Falls Sie keine Modeln besitzen, können Sie die Figuren mit einem spitzen Messer ausschneiden und mit dem Messer auch Verzierungen in die Figuren ritzen.

Spekulatiusfiguren mit Mandelhälften und Mandelstiften belegen und in Ofenmitte je nach Größe 8–15 Minuten goldbraun backen. Erst auf dem Blech, dann auf dem Kuchengitter abkühlen lassen.

Jedes Jahr gebührt einer anderen Hafenstadt die Ehre, sich als Hauptanlegeort für Sinterklaas zu schmücken. Hier wird der heilige Mann sogar vom jeweiligen Bürgermeister und dem spanischen Botschafter empfangen. Danach geht es in einem langen, fröhlichen Zug durch die festlich geschmückten Hauptstraßen der Stadt. Dieses besondere Fest zur Ankunft des Sinterklaas wird selbstverständlich überregional live im niederländischen Fernsehen übertragen.

Die Zwarte Pieten sind modernen Fortbewegungsmitteln gegenüber übrigens durchaus aufgeschlossen, neuerdings sieht man sie sogar auf Rollerskates durch die Straßen brausen. Nur an einer alten Tradition halten sie besonders fest: Unartige Kinder tragen sie in ihren Säcken davon.

Bis zum 5. Dezember bleibt der Nikolaus mit seiner Gefolgschaft in den Niederlanden und in Belgien. Nach und nach liefert er seine Geschenke ab – die Zwarte Pieten werfen sie durch die Kamine. Am Abend des 5. Dezember, dem »Pakjesavond«, finden die Kinder dann ihre Geschenke in den von ihnen extra bereitgestellten, blankgeputzten Schuhen vor oder drumrum. Aber wehe, sie vergessen zuvor eine Möhre oder ein Zuckerstückchen für den Schimmel des Sinterklaas bereitzulegen!

Und spätestens am Pakjesavond werden auch die aus Blätterteig gebackenen, mit Marzipan gefüllten Buchstaben, die »Banket-Letters«, angeschnitten. Selbstverständlich sollte der Blätterteig hierfür selbst gemacht werden, und zwar mit viel guter holländischer Butter, die ihm den unnachahmlichen Geschmack gibt. Natürlich bieten auch die zahlreichen Bäckereien ihre Banket-Letters an und wetteifern in Preis und Qualität. Der wahre Kenner besorgt sich aber nur solche Buchstaben, die ausdrücklich mit Butter und Mandeln, nicht mit preiswerterem Ersatz hergestellt sind oder backt sie eben selber.

Schon seit Jahrhunderten werden diese Buchstaben gefertigt, sie symbolisieren Erkenntnis und Wissen, das man mit ihrem Verspeisen erweitert und festigt. Schön, wenn es wirklich so einfach ginge mit der Weisheit. Vielleicht möchten Sie es ja auch einmal nach folgendem Rezept versuchen? Al-

lein das Wissen, wie sich das Gebäck herstellen läßt und wie
herrlich es schmeckt, ist eine Bereicherung für jeden, der
gerne Süßes mag.

Banket-Letters –
Blätterteig-Marzipan-Buchstaben

Zutaten für 2 große Buchstaben:
400 g geschälte Mandeln, 400 g feiner Zucker, 1 Ei
die abgeriebene Schale 1 Zitrone, unbehandelt
400 g Blätterteig, mit Butter selbstgemacht oder als
Fertigprodukt aus der Tiefkühltruhe
Mehl zum Ausrollen, Eigelb zum Bestreichen

Mandeln fein mahlen und mit Ei, Zucker und Zitro-
nenschale zu einer glatten Masse verkneten. Zu einer
Kugel formen, in Frischhaltefolie wickeln und im
Kühlschrank 1 Tag ruhen lassen.
Die Folie entfernen, den Blätterteig in zwei Portionen
auf bemehlter Arbeitsfläche etwa 4 mm dick ausrollen,
und zwar je etwa 10 cm breit und 45-55 cm lang.
Das Marzipan in zwei Portionen zu 40 cm langen dün-
nen Rollen formen und auf den Blätterteig legen. Den
Teig darum schlagen, die Enden und die Nähte mit
Wasser befeuchten und gut andrücken. Die langen
Teigstücke nun mit den Nähten nach unten auf das
Blech legen und zu Buchstaben, wie S, C, N oder W
formen.
Das Eigelb mit 1 TL Wasser verquirlen und die Buch-

staben damit bestreichen. Oberflächen der Buchstaben mit der Gabel mehrmals einstechen und in Ofenmitte 30-35 Minuten backen, bis die Buchstaben schön goldgelb sind. Auf dem Blech abkühlen lassen, dann vorsichtig herunternehmen.

Nach dem gleichen Rezept können Sie auch einen WEIHNACHTSKRANZ zubereiten. Dafür in das Marzipan 50 g kandierte, feingehackte Kirschen geben. Die Teigrolle zu einem Kranz formen und nach dem Backen erst mit heißer, durch ein Sieb gestrichener Aprikosenkonfitüre, dann mit Zuckerguß bestreichen und mit kandierten Kirschen und Orangenschalenstreifen verzieren.

Erst in den letzten Jahren hat es sich eingebürgert, auch Weihnachten Geschenke zu verteilen und die Festtage mit einem Weihnachtsbaum und Christstollen zu krönen. Doch wird der »Kerstman« – der Weihnachtsmann – dem Sinterklaas den Rang nicht streitig machen können.

Weihnachten war früher in den Niederlanden ein eher ruhiges, besinnliches Familienfest. In den zuvor gründlich geputzten Stuben las man Passagen aus der Bibel vor, speiste in familiärer Runde und besuchte spät nachts die Christmette. Seit Anfang des 19. Jahrhunderts wurde der Christbaum in den Niederlanden populär, doch auf dem Land setzte er sich erst in unserem Jahrhundert durch.

Heutzutage prägen auch in den Niederlanden zunehmend Konsumrausch und die Medien mit weihnachtlichen Programmen die Festtage. Wer es besinnlicher mag, besucht eine der vielen Aufführungen des »Weihnachtsoratoriums« in einer der stimmungsvollen alten Kirchen Hollands oder Belgiens.

»Spot auf Amsterdam«

Ein Besuch der Niederlande und Belgiens lohnt sich vor allem in der Nikolauszeit. Doch die Geschäftsstraßen bleiben noch bis Weihnachten geschmückt, und ein Einkaufsbummel bereitet jetzt viel Freude. Besondere Hotelarrangements in den Niederlanden, mit Ausflügen, Weihnachtsdinners oder einer speziellen Weihnachtsfeier – zum Beispiel in einem russischen Zimmer in Hotel Krasnapolsky in Amsterdam – sind nur einige Beispiele. Nähere Informationen gibt das Niederländische Büro für Tourismus (Postfach 270580, 50511 Köln, Telefon 0221/92571727, Fax 0221/92571737).

In Valkenburg findet ein besonders stimmungsvoller Weihnachtsmarkt in einer Grotte statt. Mit Musik, kulinarischen Köstlichkeiten und Weihnachtsspiel-Aufführungen lassen sich die Besucher von weihnachtlicher Atmosphäre verzaubern. (Informationen über VVV Valkenburg, Postfach 820, NL-6300 AV Valkenburg, Telefon 003143/6013364.)

Für das Jahr 1997 ist in Amsterdam erstmals eine besondere Veranstaltungsreihe geplant. Unter dem Motto »Spot auf Amsterdam« werden in der Vorweihnachtszeit alle möglichen Veranstaltungen, die im weitesten Sinne mit Licht zu tun haben, arrangiert und von den führenden Fünf-Sterne-Hotels gesponsert. So zum Beispiel ein spezieller Weihnachtsmarkt und Aufführungen von Schattenspielen. Auch eine Bootstour durch die weihnachtlich illuminierten Grach-

186

ten Amsterdams ist geplant. Wenn alles gut geht, soll dieses Festival regelmäßig jedes Jahr im Dezember in Amsterdam stattfinden. (Informationen über die Stichting Amsterdam Verlicht, Spuistraat 298, NL-1012 VX Amsterdam, Telefon 003120/4209977, Fax: 003120/4205577.)

Lebende Krippen in Belgien

Im flämischen Teil Belgiens wird Sinterklaas ähnlich wie in den Niederlanden mit Festen und Umzügen gefeiert. Brüssel, Eupen und Lüttich locken mit Weihnachtsmärkten jährlich viele Besucher auch aus dem Ausland an. Besondere Attraktionen sind die lebenden Krippen in der Lütticher Vorstadt Outremeuse, in Brügge, Brüssel und Gent. Am Tag vor Weihnachten können in der Umgebung der Kirchen lebende Bilder unter freiem Himmel bestaunt werden, die die Geburt Christi nachstellen. Nicht selten liegen diesen lebenden Bildern Motive der Gemälde alter flämischer Meister zugrunde. (Informationen über das Belgische Verkehrsamt, Berliner Allee 47, 40212 Düsseldorf, Telefon 0211/864840, Fax 0211/134285.)

Ein ganz besonderer Brauch findet sich in Andenne an der Maas, östlich von Namur. Das Spiel der »Trairies«, der fünf Stollen oder Bûches de Noël mit abnehmender Größe, das nach der Christmette und am Weihnachtsmorgen in den Gaststätten, Bäckereien, ja auch zu Hause stattfindet.

Zehn Personen nehmen um einen Tisch herum Platz und zahlen ihren Einsatz. Jeder Spieler erhält eine Karte, die elfte Karte wird umgedreht. Derjenige, der die höchste Karte in der Farbe der umgedrehten Karte besitzt, gewinnt den ersten und damit den größten Stollen. Dann beginnt das Spiel von neuem und geht weiter, bis auch der letzte Stollen gewonnen ist. Oftmals ist die Spielleidenschaft so groß, daß der Tisch erst nach dem zwanzigsten Spiel verlassen wird. Dann spätestens ist es aber auch Zeit für den köstlichen Weihnachtsbraten, der in Belgien häufig aus einem Kaninchen besteht. Zubereitet wird es zum Beispiel nach folgendem Rezept:

VLAAMS KONIJNTJE – FLÄMISCHES BIERKANINCHEN

Zutaten für 4 Personen:
100 g durchwachsener gepökelter Speck ohne Schwarte
2 große Zwiebeln, 2 Knoblauchzehen
2 Möhren, 50 g Butter
1 küchenfertiges frisches Kaninchen, etwa 1,2 kg, in Portionsstücke geteilt
Salz, schwarzer Pfeffer aus der Mühle
1/2 l braunes belgisches Bier, ersatzweise Alt- oder bayerisches Dunkelbier
4 Scheiben Baguettebrot, 1 EL grobkörniger, säuerlicher Senf
150 g Crème fraîche

Den Speck in kleine Würfel schneiden. Zwiebeln und Knoblauch häuten, Möhren schälen und alles klein würfeln. Die Hälfte der Butter in einer großen Deckelpfanne erhitzen und den Speck darin unter Rühren

---

knusprig braten. Zwiebeln zugeben und glasig braten, dann erst Knoblauch und Möhren zufügen und kurz mitbraten. Speck und Gemüse aus der Pfanne nehmen und beiseite stellen.

Die Kaninchenteile kalt abwaschen und mit Küchenpapier trockentupfen. Restliche Butter in der Pfanne erhitzen und die Kaninchenteile darin rundum braun anbraten. Das Fleisch mit Salz und Pfeffer bestreuen. Speck und Gemüse dazugeben und das Bier zugießen. Die Baguette-Scheibchen mit dem Senf bestreichen und mit der Senfseite nach unten auf die Zutaten in der Pfanne legen. Das Kaninchen bei schwacher Mittelhitze zugedeckt etwa 1 1/4 Stunden schmoren. Zwischendurch das Fleisch wenden und 1/4 l kochendes Wasser angießen. Nach der Garzeit das Fleisch in einer Schüssel warm stellen.

Das Gemüse in der Sauce mit dem Mixstab pürieren, Crème fraîche einrühren und mit Salz und Pfeffer herzhaft abschmecken. Die Sauce über das Fleisch gießen und mit Kartoffeln und warmem Apfelkompott servieren.

Plumpudding und Father Christmas auf den Britischen Inseln

In der Jahreszeit, in der die berüchtigten Nebel am dichtesten sind und sich die Sonne nur für ein paar

Stunden blicken läßt, sind Stechpalmen und Efeu mit das einzige Grün, Rotkehlchen und Zaunkönig einige der wenigen Vögel, welche die britische Winterlandschaft beleben. Und so wundert es nicht, daß sich auch auf den Weihnachts-Grußkarten, die gerne auf Leinen quer durch das Zimmer gehängt werden, diese Wintervögel auffallend häufig tummeln.

Rotkehlchen und Zaunkönig gelten bei den Angelsachsen seit alters her als heilig, als Symbole des Lebens. Nach der Überlieferung heißt es, daß sich die Brust des Rotkehlchens nach der Berührung mit dem Blut Christi rot färbte.

Immergrün wie Misteln, Stechpalmen und Efeu sind ebenfalls ein Symbol des Lebens und klassische Weihnachtsdekoration in England. Die Zweige der Stechpalme – die »hollies« – erinnern mit ihren stacheligen dunkelgrünen Blättern an die Dornenkrone Christi, die roten Beeren an sein Blut. Die Mistel – »mistletoe« –, eine immergrüne Halbschmarotzerpflanze mit weißen Beeren, spielte sowohl in der keltischen wie auch in der germanischen Mythologie eine bedeutende Rolle. Spätestens seit Asterix dem Gallier wissen wir, daß es besonders begabte Druiden sogar verstanden, aus den erbsengrünen Pflanzen einen besonders kraftspendenden Zaubertrank zu brauen. Daß den Misteln tatsächlich Heilkräfte innewohnen, bestätigen auch Krebsforscher und Naturheilkundler.

Seit der Viktorianischen Zeit schmücken Mistelzweige alljährlich zu Weihnachten Decken und Türrahmen der Wohnungen und Häuser. Und nach alter Sitte darf jeder Mann am Weihnachtstag die Frau küssen, die er unter dem Mistelzweig antrifft. Wenn er sich nach dem ersten Kuß noch nicht ganz sicher ist, ob er ihr sein ganzes Herz schenken möchte, kann er es ja erst einmal mit einem kleinen Ingwerherzen versuchen.

GINGERHEARTS – INGWERHERZEN

Zutaten für etwa 80 Stück:
100 g weiche Butter, 150 g brauner Zucker
1 mittelgroßes Ei, 1 Prise Salz
3 TL frisch gemahlener, getrockneter Ingwer (im Blitzhacker lassen sich die harten Wurzeln leicht zermahlen)
1 TL abgeriebene Zitronenschale, unbehandelt
300 g Mehl und Mehl zum Ausrollen, 1 TL Backpulver
100 g Halbbitter-Kuvertüre
50 g kandierte Ingwerwürfel, in Stückchen geschnitten

Butter, Zucker und Ei schaumig schlagen. Salz, Ingwerpulver und Zitronenschale unterrühren. Mehl und Backpulver mischen, über die Butter-Zucker-Masse sieben und unterkneten. Den Teig zu einer Kugel geformt in Klarsichtfolie wickeln und eine Stunde in den Kühlschrank legen.
Den Backofen auf 200 Grad vorheizen, das Backblech mit Backpapier auslegen. Die Folie entfernen, den Teig halbieren und jede Hälfte auf der bemehl-

---

ten Arbeitsfläche 3 mm dick ausrollen. Mit dem mittelgroßen Plätzchenausstecher in Herzform Plätzchen ausstechen . Diese mit 1 cm Abstand auf das Blech legen und auf der mittleren Schiene 8-10 Minuten backen. Auf dem Kuchengitter abkühlen lassen.

Die Kuvertüre im Wasserbad schmelzen. Von einem Gefrierbeutel eine winzige Ecke abschneiden, die Kuvertüre einfüllen und feine Streifen quer über die Plätzchen spritzen. Mit Ingwerstückchen verzieren und gut trocknen lassen.

In grauen Vorzeiten setzten die Briten den Winterbeginn mit dem Tod gleich und versuchten, den Gevatter in der garstigen Jahreszeit mit Feuern auf den Hügeln und dargebrachten Opfern zu besänftigen. Keltische Druiden, die Samhain, feierten zudem den Beginn ihres neuen Jahres, der Anfang November lag, mit großen Feuern, mit denen sie der Sonne zu mehr Kraft verhelfen wollten. Heute ist der 5. November ein Feiertag, der Guy-Fawkes-Day.

Guy Fawkes versuchte im Jahr 1605, das Parlament in die Luft zu sprengen. Daß ihm dies nicht gelang, wird heutzutage ausgelassen gefeiert. Ein Abbild des Übeltäters wird auf einem Holzscheit verbrannt, Feuerwerk, Jubelgeschrei und das Lied »Remember, remember, the 5th of november...« begleiten die Zeremonie. Doch in diese auf den ersten Blick aus der britischen Geschichte erwachsene Zeremonie fließen die alten Feuerriten der Druiden unverkennbar mit ein.

Ohne Weihnachtspudding kein Fest

Züngelnde Flammen spielen auch bei der berühmtesten Weihnachtsspezialität der Briten, dem Plumpudding, eine wichtige Rolle. Ohne die mit Weinbrand flambierte, reichhaltige und über Stunden gegarte Speise ist das Christfest auf den Inseln undenkbar.

Bei der Zubereitung sind eine Reihe wichtiger Riten einzuhalten, die nicht nur zum Gelingen des Weihnachtspuddings beitragen, sondern auch über Glück und Unglück der Köche entscheiden. Gerührt werden darf zum Beispiel nur im Uhrzeigersinn, und wer rührt, darf sich insgeheim etwas wünschen. Kein Wunder also, wenn die Familienmitglieder in der Küche Schlange stehen, um auch einmal den Löffel führen zu dürfen. Außerdem werden in die Speise in Alufolie eingewickelte Münzen oder auch Ringe oder Fingerhüte eingebacken. Den glücklichen Findern, sagt man, geht ein Wunsch in Erfüllung.

Gekrönt mit einem Stechpalmenzweig mit roten Beeren servieren die Briten ihren Plumpudding mit schaumig geschlagener Rum- oder Weinbrandbutter. Kalorienmäßig spielt diese Beigabe kaum eine Rolle mehr, doch der Reiz aus heißem Pudding und eiskalter Butter adelt die Weihnachtsspeise.

Plumpuddings werden nicht selten schon Monate vor Weihnachten hergestellt oder im Kühlschrank bis zum nächsten Christfest aufbewahrt. Dadurch bekommen nicht nur die Aromen genügend Zeit, sich zu entwickeln, sondern auch der Alkoholgehalt steigt durch das Gären der Früchte im Plumpudding mächtig an.

Plumpudding – Weihnachts-Pudding

Zutaten für 4 Puddings, je etwa 1 Liter:
225 g Korinthen, je 280 g dunkle und helle Rosinen
je 50 g feingehacktes Zitronat und Orangeat
175 g feingehackte kandierte Kirschen
175 g gehobelte Mandeln
1 mittelgroßer säuerlicher Apfel in Würfel geschnitten
1 kleine Möhre, gehackt
1 EL abgeriebene Zitronenschale, 2 EL abgeriebene
Orangenschale
250 g feingehackter Rindertalg
200 g Mehl, 250 g frische weiche Weißbrotkrumen
200 g brauner Zucker, 1 TL gemahlener Piment
1 TL Salz, 6 mittelgroße Eier
3/8 l Weinbrand, Saft 1 Zitrone und 1 Orange

Korinthen, Rosinen, kandierte Früchte, Mandeln, Apfelstücke, gehackte Möhre, Zitronen- und Orangenschale und Rindertalg in eine große Schüssel geben und gut vermischen. Dann Mehl, Brotkrumen, Zucker, Piment und Salz untermengen.
Die Eier in einer anderen Schüssel mit 1/4 l Weinbrand, Zitronen- und Orangensaft schaumig rühren. Alles über die Fruchtmischung gießen und so lange mit dem Löffel kräftig rühren (im Uhrzeigersinn, versteht sich!), bis alles gut vermengt ist. Mit einem feuchten Tuch bedeckt 12 Stunden im Kühlschrank durchziehen lassen.

Dann 4 Puddingschüsseln mit je 1 l Fassungsvermögen bis 5 cm unter den Rand mit der Mischung füllen. Mit gebutterter Alufolie fest verschließen. Auf jede Form ein feuchtes Küchentuch legen, mit Bindfaden fixieren und die Zipfel, nach oben geschlagen, kreuzweise zusammenknoten, so daß sie nicht im Wasserbad hängen können.

Puddingschüsseln in einen großen Topf oder eine Reine stellen, soviel kochendes Wasser angießen, daß die Gefäße zu 3/4 darin stehen. Bei hoher Temperatur einmal aufkochen lassen, dann auf niedrigste Temperatur herunterschalten und die Puddings in 8 Stunden gar ziehen lassen. Dabei immer wieder kochendes Wasser nachfüllen. Die fertigen Puddings aus dem Wasser nehmen, abkühlen lassen, Küchentücher und Folien entfernen und die Portionen mit frischer Alufolie fest abdecken.

Die Puddings müssen nun mindestens 3 Wochen im Kühlschrank ruhen, mancherorts werden sie sogar schon Monate vorher hergestellt und warten geduldig im Kühlschrank auf ihren Einsatz. Vor dem Servieren werden die Puddings erneut, jetzt aber nur 2 Stunden, im Wasserbad gegart. Dann stürzt man sie auf Servierteller, flambiert sie mit dem restlichen, leicht angewärmten Weinbrand und serviert dazu zum Beispiel eine

CUMBERLAND RUMBUTTER

Zutaten:
60 g weiche Butter, 100 g feiner brauner Zucker
75 ml weißer Rum
1 Messerspitze gemahlene Muskatnuß

Butter mit dem elektrischen Handmixer gut 15 Minuten schaumig aufschlagen, so daß sie wirklich luftig ist. Dann nach und nach die restlichen, zimmerwarmen Zutaten unterrühren. Die Rumbutter zugedeckt 4 Stunden in den Kühlschrank geben, dann zu dem Weihnachtspudding servieren.

Carol-Singing und Christmas-Stockings

Wer London in der Weihnachtszeit besuchen möchte, sollte ein wenig Zeit mitbringen. Denn sowohl das Christmas-Shopping in den spektakulär illuminierten Einkaufsstraßen, wie etwa der Oxford oder der Regent Street, als auch der Besuch einiger typischer vorweihnachtlicher Veranstaltungen sollten eingeplant werden. Zum Beispiel das »Carol-Singing«. Unter dem festlich beleuchteten Baumriesen auf dem Trafalgar Square vermittelt es einen attraktiven Eindruck von dem in England noch lebendigen, liebevoll gepflegten Brauchtum.

Antiquitätenmessen, Weihnachtsmärkte oder viktorianische Weihnachtsfeiern frei nach Charles Dickens sowie spezielle Hotelarrangements mit Jagdausflügen oder anderen typisch britischen Weihnachtsaktivitäten sollten sich Besucher nach Möglichkeit nicht entgehen lassen. (Nähere Informationen über die Britische Zentrale für Fremdenverkehr, Taunusstraße 52-60, 60329 Frankfurt/Main, Telefon 069/2380 70, Fax: 069/2380717 und die Irische Fremdenverkehrszentrale, Untermainanlage 7, 60329 Frankfurt/Main, Telefon 069/9231850, Fax: 069/92318588.)

Der Heilige Abend ist auf den Britischen Inseln ein regulärer Arbeitstag. Doch schon am Abend beginnen die Feierlichkeiten. Normalerweise geht es nach der Christmette erst einmal ins Pub. Doch wer möchte schon gerne so lange warten, bis es ans Feiern geht. In vielen Orten Englands und Irlands findet die Christmette deshalb schon um 21 Uhr statt. Denn die Pfarrer waren es einfach leid, daß ihre Schäfchen um Mitternacht in redlich angeheitertem Zustand die Heilige Messe besuchten.

Ob Father Christmas oder Santa Claus – der Weihnachtsmann klettert in der Nacht zum 25. Dezember heimlich durch die Kamine in die Wohnungen und Häuser und verteilt seine Gaben in die aufgehängten »Christmas-Stockings«, die bunt verzierten Weihnachtsstrümpfe.

Die Iren pflegen zu Heilig Abend einen besonders heimeligen Brauch. Sie entzünden in jedem Fenster ihrer Häuser eine Kerze, um denjenigen gegenüber Gastfreundschaft zu signalisieren, die abends unterwegs oder ohne Dach über dem Kopf sind. Auch sollen die Lichter den Heiligen Drei Königen den Weg zum Stall weisen.

Übrigens kennt und liebt man in Großbritannien auch Adventskalender, Adventskranz und Weihnachtsbaum, nur richtig »british« sind diese nicht. Erst nach dem Zweiten Weltkrieg kamen sie in Mode, als britische Besatzungssoldaten die deutschen Sitten mit nach Hause brachten.

Für das opulente Weihnachtsessen nehmen sich die Briten am ersten Weihnachtstag viel Zeit. In den meisten Familien wird die Vorspeise einfach übersprungen, und man beginnt direkt mit dem gefüllten Truthahn, der Gans oder einem großen gebackenen Schweineschinken. Plumpudding, Mince Pies und ein guter alter Stilton-Käse folgen, begleitet von Punsch und Portwein, Kaffee und Brandy.

Obwohl sich nach diesem üppigen Menü eigentlich kaum mehr einer rühren kann, dauert der erste Weihnachtstag teils träge, teils aber auch laut und fröhlich noch bis in die späten Abendstunden hinein.

Am zweiten Weihnachtstag, dem Boxing-Day, gilt es, Freunde und Verwandte zu besuchen. Die Bezeichnung »Boxing-Day« hat übrigens mit dem fäusteschwingenden Kraftsport nichts gemein. Der Name leitet sich von den »Boxes« ab, den Gefäßen, in denen in vergangenen Zeiten die Lehrlinge und Dienstboten ihre Weihnachtsgratifikation von ihren Herren nach Hause trugen.

Bei den Besuchen am zweiten Weihnachtstag passiert es nicht selten, daß die Gäste noch einmal ein komplettes Weihnachtsmenü aufgetischt bekommen. Selbstverständlich wird dem fachkundigen Weihnachtsbesuch auch Selbstgebackenes angeboten, wie zum Beispiel die Irischen Bierkekse.

PORTER CAKE – IRISCHE BIERKEKSE

Zutaten für etwa 60 Stück:
250 g Mehl, 125 g Butter
225 g dunkle Rosinen, 110 g Sultaninen
65 g kandierte rote Kirschen, 65 g geschälte, gehackte Mandeln
je 65 g feingewürfeltes Zitronat und Orangeat
200 g brauner Zucker
abgeriebene Schale von 1/2 Zitrone, unbehandelt
1 TL Pfefferkuchengewürz, 1 Prise Salz
1 TL löslicher Kaffee, 1/2 TL Natron
140 ml dunkles Irisches Bier
2 mittelgroße Eier

Mehl in eine Schüssel sieben. Die Butter in Flöckchen darauf verteilen. Rosinen, Sultaninen und Kirschen sehr fein hacken und zusammen mit den Mandeln, dem Zitronat und Orangeat, mit Zucker, Gewürzen, Salz und dem Kaffee zum Mehl geben. Alles gut vermischen.
Natron in etwas lauwarmem Bier auflösen. Die Eier mit dem restlichen Bier verquirlen und zusammen mit dem Natron zu den Zutaten in der Schüssel geben. Alles zu einem geschmeidigen Teig verkneten.
Das Backblech mit Backpapier auslegen. Den Backofen auf 160 Grad vorheizen. Vom Teig kleine Mengen von jeweils 1 Teelöffel abnehmen und zu

> Häufchen auf das Blech setzen. Diese auf der mittleren Schiene etwa 15 Minuten backen und auf dem Kuchengitter abkühlen lassen.

Kaum bekannt ist hierzulande, daß sich das streng protestantische Großbritannien noch bis 1752 an den Julianischen Kalender hielt und dementsprechend am 6. Januar Weihnachten feierte.

Die Schotten pflegen noch heute einen besonderen Brauch an diesem 6. Januar. Weißvermummte Gestalten – die »Mari Lwyd« – ziehen an diesem Tag durch Wales. An Bändern halten sie dekorierte Pferdeschädel und klingeln unverhofft an den Haustüren. Sie überfallen die Bewohner geradezu mit Rätseln, die diese ihrerseits auch mit solchen beantworten müssen. Fallen den Hausbewohnern ob dieses makabren Besuches keine geeigneten Rätsel mehr ein, haben sie Pech gehabt. Denn dann sind sie den Bissen der »Mari Lwyd« ausgesetzt und müssen diese merkwürdigen Besucher auch noch mit Speis und Trank belohnen.

Osteuropäische
Weihnachtsbräuche

Polen, Tschechien, die Slowakei, Rußland, die Ukraine, Rumänien, Bulgarien, Ungarn, Kroatien und Serbien, dies sind nur einige der Länder, die sich unter dem Oberbegriff Osteuropa zusammenfassen lassen. Althergebrachte Weihnachtstraditionen erlebten hier einen langen Winterschlaf, denn nach der Oktoberrevolution 1917 wurden die religiösen Feste nicht mehr gefeiert. Inzwischen, nach der Wende, ist Weihnachten in den meisten Ländern Osteuropas wieder ein offizieller Feiertag. Doch vieles vom altem Brauchtum geriet in Vergessenheit. Wirtschaftliche und soziale Sorgen beherrschen heute die Gemüter, so daß dem Weihnachtsfest, außer im Familienkreis, noch wenig Aufmerksamkeit gilt.

Polnische Weihnacht

Wieviel Beachtung man dem Weihnachtsfest als einem willkommenen Anlaß zum Feiern im Familienkreis in Polen schenkt, zeigt schon das große Festessen am Heiligen Abend. Sobald der erste Stern am Himmel funkelt, setzt man sich zu Tisch. Zuvor, während des ganzen Tages, herrscht reges Treiben in den Küchen. Am Heiligen Abend dürfen zwar nur Fastenspeisen aufgetischt werden, doch sind diese so üppig, daß vom Fasten kaum die Rede sein kann. In einem guten Haus kommen dem Brauch nach dreizehn verschiedene Gerichte auf die Tafel.

Der Genuß von Fleisch ist am Heiligen Abend nicht gestattet, dafür sind die verschiedensten Fisch- und Krautgerichte um so reichhaltiger und abwechslungsreicher. Karpfen mit Honigkuchen-Sauce, Hering gebraten und in Aspik und Krauttaschen mit getrockneten Pilzen sind nur eine kleine Auswahl des weihnachtlichen Angebots. Gedeckt wird übrigens immer für eine Person mehr, es könnte ja sein, daß unerwarteter Besuch vor der Tür steht, der auf keinen Fall abgewiesen, sondern gern und reichlich bewirtet wird.

Am ersten Weihnachtstag, wenn der Verzehr von Fleisch und Geflügel wieder erlaubt ist, kann man überall in den Gassen und Hauseingängen den verlockenden Duft gebratener, köstlich gefüllter Gänse und saftiger Schweinebraten erschnuppern. Familien und Freunde lassen es sich nach allen Regeln der Kochkunst gut gehen und nicht selten verklingen die Weihnachtsfeiertage in ausgelassener Runde bei gutem polnischen Wodka, bei Bier und Wein.

204

Zauberspeisen mit Mohn gefüllt

Mohn ist aus der polnischen Weihnachtsküche, ja der polnischen Küche im allgemeinen, nicht wegzudenken. Körnerreicher Mohnkuchen galt in frühen Zeiten als Zauberspeise, denn sie soll soviel Geld und Glück bringen, wie sie Körner besitzt. Und in gebackenen Zöpfen und Strietzeln vermuten die volkskundlichen Forscher Symbole für alte Haaropfer, die zum Totenzeremoniell gehörten. Wird der Zopf zum Kranz geschlossen, so wiederholt sich das Symbol des Alten und Absterbenden, das sich mit dem Neuen und Nachwachsenden zum ewigen Kreislauf verbindet. Ganz typisch zu Weihnachten ist ein länglicher Mohnkuchen, der vorsorglich in großen Mengen gebacken wird, denn frisch schmeckt er einfach unwiderstehlich. Falls Sie viele Gäste erwarten, machen Sie es wie die polnischen Hausfrauen und verdoppeln Sie die Zutaten des unten folgenden Rezeptes.

MAKOWIEC –
POLNISCHER WEIHNACHTSKUCHEN MIT MOHN

Zutaten für 1 etwa 30 cm langen Kuchen:
20 g Butter, 125 g gemahlener Mohn
45 g Zucker, 3 EL Honig
20 g Rosinen, 40 g gemahlene Mandeln
1 Eiweiß, 350 g Mehl und Mehl zum Arbeiten

40 g feiner Zucker, 1 Päckchen Bourbon-Vanillezucker
20 g frische Hefe, 150 ml lauwarme Milch
100 g weiche Butter, 3 Eigelb, 2 EL Rum
die abgeriebene Schale 1/4 Orange, unbehandelt
1 Eiweiß, 1 Ei

Die Butter in einer Kasserolle erhitzen, Mohn, Zucker und Honig einrühren. Bei schwacher Hitze gut 5 Minuten unter Rühren kochen, bis eine feste Masse entstanden ist. Die Masse dann in eine Schüssel geben und abkühlen lassen. Anschließend Rosinen und Mandeln untermengen.

Das Eiweiß zu sehr festem Schnee schlagen, unter die Mohnmischung heben und zugedeckt im Kühlschrank 1 Stunde ruhen lassen.

Für den Teig das Mehl in eine Schüssel sieben, Zucker und Vanillezucker darüber streuen und in die Mitte eine Mulde drücken.

Die Hefe in der Milch verrühren und in die Mulde geben. Mit etwas Mehl vom Rand bestreut zugedeckt 15 Minuten an einem warmen Ort gehen lassen. Dann Butter, Eigelb, Rum und Orangenschale zugeben und alles zu einem Teig verkneten. Gut 10 Minuten kneten und schlagen, bis der Teig schön elastisch ist und nicht mehr an der Schüssel klebt. Zugedeckt 45 Minuten gehen lassen.

Den Backofen auf 180 Grad vorheizen, das Backblech mit Backpapier auslegen.

Den Teig auf einer bemehlten Fläche zusammenkneten und zu einem Rechteck von etwa 25 x 40 cm

ausrollen. Das Eiweiß verquirlen und den Teig damit
bestreichen. Die Mohnfüllung auf dem Teig verteilen, dabei einen Rand von 1,5 cm freilassen. Dann
den Teig von der Längsseite aus fest zusammenrol-
len und die Rolle mit der Naht nach unten auf das
Blech legen. Zugedeckt 20 Minuten gehen lassen,
dann die Oberfläche mit dem verschlagenen Ei bestreichen und die Mohnrolle etwa 30 Minuten in
Ofenmitte backen. Danach auf dem Kuchengitter abkühlen lassen und zum Servieren in Scheiben schneiden.

Wer über Weihnachten nach Polen reist, sollte zumindest
einen kurzen Aufenthalt in Wroclaw, dem ehemaligen
Breslau, einlegen. Hier findet alljährlich im Dezember vor
dem gotischen Rathaus ein Weihnachtsmarkt statt, der in
vergnügt festlicher Atmosphäre die Weihnachtsbräuche
und Stimmungen aus vergangenen Zeiten erahnen läßt.
Auch lohnt es, Kraków – Krakau – in der Vorweihnachtszeit einen Besuch abzustatten. Hier findet jeden Dezember
ein Weihnachtskrippen-Wettbewerb statt. Das farbenprächtige Schauspiel mit seinen liebevoll bis ins kleinste Detail
ausgeformten Szenen begeistert Kinder und Erwachsene
gleichermaßen. (Informationen über Polnisches Informa-
tionszentrum für Touristik, Waidmarkt 24, 50676 Köln, Telefon 0221/230545, Fax 0221/238990.)

Karpfen in Böhmen

In Böhmen beginnt man schon ab dem 24. August, dem Tag des Märtyrers Bartholomäus, mit den Weihnachtsvorbereitungen. Denn ab diesem Datum werden die Weihnachtskarpfen gemästet. Gut 12.000 Tonnen Karpfen wandern jährlich in gebackenem, gebratenem oder gekochtem Zustand auf die weihnachtlichen Festtafeln. An beinahe jedem Platz in Prag, an fast jeder Straßenecke stehen riesige Bottiche, in denen sich dichtgedrängt die noch lebenden großen Süßwasserfische tummeln.

Früher wurden die Fische lebend nach Hause getragen und durften ihr letztes Stündlein in den Badewannen erwarten. Klar, daß da so manche Träne floß und die Entscheidung, sich von dem oft liebgewordenen Haustier zu trennen, schwerfiel. Heutzutage werden die Karpfen denn auch in kurzem Prozeß direkt am Verkaufsstand von oft furchterregenden Gesellen mit großen Messern, Holzhämmern und blutüberströmten Schürzen küchenfertig zugerichtet.

Traditionellste und beliebteste Zubereitungsart des Weihnachtsfisches ist Karpfen in schwarzer Sauce. Es versteht sich, daß jede Hausfrau auf ihr über Generationen überliefertes Familienrezept schwört. Petersilienwurzeln, Möhren und Sellerie, Sirup, Backpflaumen, feingewürzte dunkle Lebkuchen, Rosinen, Essig und Rotwein gehören auf jeden Fall dazu.

KAPR N CERNO – KARPFEN IN SCHWARZER SAUCE

Zutaten für 6-8 Personen:
40 g Butter und Butter für die Form
100 g Knollensellerie in kleinen Würfeln
2 Möhren, klein gewürfelt
1 mittelgroße Petersilienwurzel, klein gewürfelt
1 mittelgroße Zwiebel, fein gehackt
3 EL brauner Zucker, 100 ml roter Weinessig
100 ml Rotwein, 2 Lorbeerblätter
1 gute Prise getrockneter Thymian
je 5 Pfeffer- und Pimentkörner
1 gutes Stück Zitronenschale, unbehandelt
2 EL rotes Johannisbeergelee, 1/2 Tasse Bier
50 g dunkler Lebkuchen, fein zerrieben
6 Scheiben Karpfen, je etwa 3 cm dick, insgesamt 2 kg
75 g entsteinte Backpflaumen, klein gewürfelt
50 g Rosinen, fein gehackt, 1 EL Mandelsplitter

Die Butter in einem schweren Topf erhitzen, Sellerie, Möhren, Petersilienwurzel und Zwiebel darin unter Rühren 10 Minuten bei Mittelhitze dünsten.
In einem anderen Topf 2 EL Zucker mit 1 EL Wasser gut 3 Minuten sieden lassen, bis ein dicker, dunkler Sirup entstanden ist. Essig und Wein zugießen und offen bei starker Hitze um gut die Hälfte einkochen lassen. Dann 500 ml Wasser sowie die Kräuter und Gewürze, Zitronenschale, Johannisbeergelee und das vorbereitete Gemüse zugeben und unterrühren. Alles halb zu-

gedeckt bei schwacher Hitze 30 Minuten ziehen lassen.

Backofen auf 175 Grad vorheizen.

Bier, restlichen braunen Zucker und Lebkuchen in den Sud rühren und 5 Minuten aufkochen lassen. Die dickliche Sauce dann durch ein feines Sieb streichen.

Eine große ofenfeste Form mit Butter einfetten, Karpfenscheiben kalt abspülen und in die Form legen. Den Fisch mit der Sauce begießen, zerkleinerte Backpflaumen, Rosinen und Mandeln darüber streuen und das Gericht offen in Ofenmitte 20–25 Minuten backen, bis der Fisch gar ist. Zwischendurch immer wieder mit der Sauce übergießen. Dazu Serviettenknödel oder Pellkartoffeln und ein gut gekühltes Pils oder einen trockenen Rotwein reichen.

Der 30. November, der Andreastag, gilt nicht nur in Deutschland, sondern auch in Böhmen als Tag der Vorhersagen. Auch wenn das Orakeln heutzutage nicht mehr ganz so ernst genommen wird, ein vergnüglicher Zeitvertreib ist er allemal.

Vom Andreas-Orakel versprechen sich die Mädchen und jungen Frauen einen Hinweis auf ihren zukünftigen Liebsten. So werden zwei Walnußschalen gesäubert, und in jede wird eine kleine Kerze gesetzt. Diese Schiffchen werden dann in einer großen Schüssel mit Wasser schwimmen gelassen, wobei jedes Mädchen ein eigenes Licht und eines für den geheimgehaltenen Liebsten besitzt. Berühren sich diese beiden Nußschalen ohne fremdes Zutun, ist dies ein Zeichen dafür, daß das Paar zusammenkommen wird.

Früher gehörte am Andreastag den Mädchen alles Garn, das sie an diesem Tag spinnen konnten. Und die Bäuerinnen schenkten ihnen meist noch Flachs und Geld, damit die Mädchen ihre Besucher am Andreastag bewirten konnten.

Auf dem Land pflegt man vereinzelt noch einen besonders schönen Brauch am 6. Januar, dem Tag der Heiligen Drei Könige. Dann wählen alle bewußt einen möglichst weiten Weg zu ihrer Kirche oder sie gehen in die Kirche eines benachbarten Ortes, um den weiten Weg der drei Weisen aus dem Morgenland nachzuempfinden. (Informationen über die Tschechische Zentrale für Tourismus, Leipziger Straße 60, 10117 Berlin, Telefon 030/2044770.)

Winterliches Rußland

Im alten Rußland begann am 14. November, dem Philippustag – benannt nach dem Apostel Philippus – das große Weihnachtsfasten. Am Abend dieses Tages wurde noch einmal ein großes Festessen aufgetischt, mit Kohlsuppe, Pökelfleisch, Lachs, gefüllten Piroggen, Gänsebraten, Pflaumentorte und vielem mehr. Die Reste des üppigen Mahls verteilten die Herrschaften anschließend an die Dienstboten.

Nachdem auch diese ihr Mahl verspeist hatten, ging es ans große Reinemachen. Die Küchenregale wurden gefegt, die Stuben mit Essigwasser auswischt, damit der Fleischgeruch hinausging. Für guten, reinen Geruch sorgten auch Weihrauch und Thymian.

Die folgenden Tage bis zum Weihnachtsfest aß man nur Fisch, Getreide und Gemüse, und das sehr sparsam. Und am Heiligen Abend durfte gar bis zum Aufleuchten der ersten Sterne überhaupt nichts gegessen werden. Doch die Vorbereitungen liefen auf Hochtouren. Durch Küchen und Stuben zog der appetitliche Duft der feinsten Speisen. Und ein großer Schweinebraten, der symbolischen Charakter besitzt, brutzelte schon im Rohr. Denn der Legende nach ließ das Schwein ehedem das Christkind nicht schlafen, sondern stach es mit seinen Borsten und gilt seither als Glücksbringer.

Nach der Christmette wurde das eigentliche Festmahl dann endlich aufgetragen. Dabei durfte in den blankgeputzten, oft frisch geweißelten Stuben kein Licht brennen. Nur die Lämpchen der Ikonen sorgten für feierliche Beleuchtung.

Natürlich wurden auch die Unbegüterten an den Festtagen bedacht. Spätestens am zweiten Weihnachtstag beschenkte man sie nach alter Sitte mit Speisen und Gaben. Darunter befanden sich auch Nüsse und Mandeln mit ihren harten Schalen und den süßen Kernen. Diese stehen auch heute noch für die Widrigkeiten und Rätsel des irdischen Daseins, ganz nach dem Spruch: Gott gibt die Nüsse, aber knacken muß man sie selber. Diese süßen Schätze backen die Hausfrauen auch gerne in die in Rußland so beliebten Honigkuchen ein, die dort nicht nur zu Weihnachten, sondern das ganze Jahr über Saison haben. Gut gewürzt und mit getrockneten Früchten passen sie aber besonders gut zu einem Glas schwarzen Tee in der kalten Jahreszeit.

MEDIWNYK – RUSSISCHER HONIGKUCHEN

Zutaten für eine Kastenform:
150 g Honig, 50 g Butter und Butter für die Form
1 mittelgroßes Ei, 75 g brauner Zucker
1 TL gemahlener Zimt
je 1/4 TL gemahlener Kardamom und geriebene Muskatnuß
100 g geschälte Mandeln, grob gehackt
150 g entsteinte Datteln, grob gehackt
300 g Mehl, 1 gestrichener TL Backpulver
4-5 EL Milch
15 geschälte, halbierte Mandeln zum Verzieren

Honig und Butter in einem Topf erhitzen und leicht abkühlen lassen. Den Backofen auf 175 Grad vorheizen. Ei, Zucker und Gewürze schaumig rühren, bis sich der Zucker aufgelöst hat, dann die gehackten Mandeln und Datteln untermengen.
Das Mehl mit dem Backpulver vermischen, übersieben und nach und nach mit der Milch unterarbeiten, bis der Teig schwer reißend vom Löffel fällt.
Eine 20 cm lange Kastenform mit Butter einfetten, den Teig hineinfüllen und glattstreichen. Die geschälten Mandeln sternförmig auf die Oberfläche legen und leicht eindrücken.
Den Honigkuchen gut 50 Minuten in Ofenmitte backen, bis beim Hineinstechen mit einem Holzstäbchen kein Teig mehr daran haftet. Anschließend erst

kurz in der Form, dann auf das Kuchengitter gestürzt
abkühlen lassen.

Hirtenspiel in Ungarn

In den Dörfern Ungarns lebt die Tradition der Weihnachtsspiele auch heute noch. Die Wurzeln dieser Aufführungen
werden in Schlesien vermutet, und die frühesten überlieferten Texte stammen aus dem 17. Jahrhundert. Damals bildeten sich Laienbühnen, deren Darsteller – meist Bergunterof-
fiziere und Bergknappen – die Christgeburt, Hirten- und
Dreikönigsspiel aufführten, aber auch für die Nachwelt auf-
zeichneten.

Diese Arten der Spiele aus schlesischen und ober-
ungarischen Bergstädten fließen auch heute noch in die
volkstümlichen Weihnachtsspiele ein – die »Hirten von
Bethlehem« genannt. Meist junge Burschen, die ihren
Schafspelz umgewendet tragen, ziehen singend, Scherze
treibend und mit einer selbstgefertigten Krippe durch
die Dörfer. Oft werden die Hirten von Kindern gespielt,
aber in den Szekler Dörfern Siebenbürgens stellen erwachsene Männer sie dar, die furchterregende Masken aus
Tierhäuten tragen.

Besonderen Wert legen die Dorfbewohner seit alters her
auf die zeremonielle Vorbereitung des Weihnachtstisches.
Dabei wird Heu auf den Tisch gestreut, auf die Ecken des
Tisches legt man verschiedene Gegenstände, etwa Kamm,

Wetzstein oder Messer. Darüber werden bis zu drei Tisch-
tücher, immer von Osten nach Westen ausgebreitet. Unter
dem Tisch steht ein Backkorb mit Hafer, Weizen und Mais,
darauf liegt ein Pferdehalfter. Diese Attribute stehen für den
Wunsch nach einem glücklichen und begüterten neuen Jahr.

Weihnachtsglückwünsche versendet man in Ungarns Dörfern weniger mit buntbedruckten Karten. Dafür sind die
»Regölés« zuständig, deren Haupttag der 26. Dezember, der
Tag des Märtyrers Stephan, ist. Dieser Heilige ist in der Vor-
stellung des ungarischen Volkes mit dem ersten ungarischen
König Stephan verschmolzen. Die Burschen – die Regölés
– ziehen kettenrasselnd von Tür zu Tür, wünschen Gesundheit und Reichtum, »zaubern« aber auch Paare zusammen,
was sie bei den Jungen Leuten besonders beliebt macht. (Informationen über das Ungarische Tourismusamt, Berliner
Straße 72, 60311 Frankfurt/Main, Telefon 069/9291190,
Fax 069/ 92911918.)

Bulgariens Kornelkirschenzweige

Auch in Bulgarien ist das Weihnachtsfest in erster Linie
ein Familienfest. Weihnachtsmärkte kennt man hier nicht,
und so luxuriös geschmückte öffentliche Plätze und
Geschäfte wie bei uns sind eher die Ausnahme. Doch wie
in allen Ländern, in denen Weihnachten gefeiert wird, läßt
man es sich auch in Bulgarien zu Hause gut gehen.

Nach altem Brauch gilt, je reicher die Tafel gedeckt ist, um
so fruchtbarer wird das kommende Jahr werden. Alle in der

eigenen Wirtschaft erzeugten Produkte kommen auf den Tisch. Auf den Gebildbroten, die extra fürs Fest gebacken werden, finden sich stilisierte Weinberge und Bienenkörbe, Felder und Gärten, alles aus Teig geformt. Besonders wichtig ist die »Banitza«, ein Blätterteiggebäck, in dessen Füllungen die Spitzen von Kornelkirschenzweiglein eingebacken sind. Diese symbolisieren das Haus, das Vieh und die Gesundheit.

Auch ohne Kornelkirschen, die im westlichen Europa kaum zu finden sind, schmecken die Banitza frisch aus dem Ofen ganz köstlich und sind ein willkommener Imbiß zu Wein und Bier.

BANITZA – SCHAFSKÄSE-BLÄTTERTEIGGEBÄCK

Zutaten für etwa 16 Stück:
250 g zerlassene, abgekühlte Butter
500 g bulgarischer Schafskäse
125 g Joghurt, 2 mittelgroße Eier
16 Blätter griechischer Fillo-Teig, aus dem griechischen oder türkischen Lebensmittelgeschäft

Den Schafskäse grob zerbröseln und durch ein feines Sieb streichen. Joghurt und Eier zugeben und so lange rühren, bis eine glatte Masse entstanden ist.
Den Backofen auf 200 Grad vorheizen, zwei Backbleche mit Backpapier auslegen. Nacheinander je 1 Teigblatt auf ein Küchentuch legen und mit Butter vorsichtig bestreichen. Das Teigblatt längs zusam-

216

menlegen und die Oberfläche wieder mit Butter bestreichen. Die Käsemasse am besten mit dem
Spritzbeutel mit breiter Lochtülle in einem langen
Strang auf den Rand der Längsseite des Teiges spritzen, dabei oben und unten einen 1 cm breiten Rand
freilassen. Nun mit Hilfe des Tuches, das man leicht
hochhebt, den Teig zu einer dünnen, festen Rolle
formen und die Enden fest zusammendrücken. Die
Rolle zu einer Acht oder zur S-Form zusammenlegen,
mit Butter bestreichen und auf das Backblech heben.
Mit den restlichen Teigblättern gleichermaßen verfah-
ren.
Die Gebäckstücke in Ofenmitte in gut 20 Minuten
goldbraun und knusprig backen.
Warm servieren.

Die Ehre das Feuer anzuzünden gebührt nach altem Brauch
dem Ältesten des Hauses. Der »Badnik« – ein mächtiger Ei-
chenholzklotz, der eng verwandt mit dem französischen
Weihnachtsscheit ist – wird gegen Abend angezündet. Die
Art, wie der Klotz die ganze Nacht über brennt, gibt Auskunft über die Zukunft und die Ernte. Das zu erwartende
Glück unterstützend, wirken auch die Glückwünsche der
»Survakari«, der Burschen, die spät nach Mitternacht von
Haus zu Haus ziehen und jedem, den sie antreffen, mit einem bunt geschmückten Kornelkischenzweig, dem »Sur-
vatschka«, auf den Rücken klopfen und ihm Gesundheit, Er-
folg und ein langes Leben wünschen. (Informationen über
Bulgarisches Fremdenverkehrsamt, Eckenheimer Land-

straße 101, 60318 Frankfurt/Main, Telefon 069/295284, Fax 069/295286.)

Der Leichenschmaus des Schweins in Rumänien

In Rumänien ziehen schon am Heiligen Abend die Mädchen in den Dörfern der Maramures von Haus zu Haus und singen Weihnachtslieder. In den Dörfern der Moldau sind es die Jungen, die von Tür zu Tür ziehen, um für Gesundheit und Überfluß zu singen. Die Menschen erwarten sie mit Geschenken wie Äpfeln, Nüssen, Brezeln und anderen Leckereien.

Zu den Weihnachtsfeiertagen geht es unzähligen, eigens für diesen Anlaß üppig gemästeten Schweinen ans Leben. Schon das Schlachten ist ein allerdings nur den Männern vorbehaltenes Fest, die bei Pflaumenschnaps oder Wein das erste frische Fleisch grillen und so den Leichenschmaus des Schweins begehen.

Vom ersten Weihnachtstag an kommt auch die übrige Familie in den Genuß des köstlichen Fleisches: Würste, Schwartenmagen, Sülze, Krautwickel und Braten, aber auch Kuchen, Kipfel, Pasteten und Mehlspeisen bilden das festliche Weihnachtsmenü.

Am letzten Tag des Jahres, dem Tag des heiligen Basil, dem Schutzpatron der Weinberge und des Weins, ertönen in den Dörfern Rumäniens noch vor Tagesanbruch Hörner und Glockengeläut. Maskierte junge Leute verursachen diesen

218

Lärm, sie foppen einander und verjagen die bösen Geister. Die Maskierungen sind regional unterschiedlich, doch immer gehören sie zu einem ausgelassenen, fröhlichen Fest und heißen das neue Jahr mit Späßen und Radau willkommen.(Informationen über das Rumänische Touristenamt, Zeil 13, 60313 Frankfurt/Main, Telefon 069/29 5278, Fax 069/292947.)

Merry Xmas und Season's Greetings – Weihnachten in den USA

Die Amerikaner sind multikulturelle Weihnachtsfans. Kein Wunder, kommen doch die verschiedensten Kulturen und Religionen auf dem riesigen Kontinent zusammen. Verstärkt durch das Heimweh und die Suche nach der eigenen Identität wurden ursprüngliche Bräuche und traditionelle Rezepte über Generationen gepflegt. Russen, Briten, Italiener, Deutsche und Niederländer zum Beispiel brachten ihre Traditionen aus der Heimat mit in das fremde Land. Doch schon bald vermischten sich die Bräuche, und Neues entstand. Heutzutage ist es selbstverständlich, zu Weihnachten »Season's Greetings« zu versenden, buntbedruckte Karten mit winterlichen, auch weihnachtlichen Motiven. Doch verzichtet man auf das »Merry Christmas«, denn jedermann ist sich der verschiedenen Kulturen in seinem Land bewußt und respektiert, daß andere Religionen auch andere Festtage pflegen.

Schon früh beginnt in den USA der Reigen der winterlichen Feste. Schaurig-fröhlich bildet Halloween den Auftakt am 31. Oktober. Die Wurzeln dieses Festes vermutet man bei den Kelten, deren Neujahrsfeste auch im heutigen Großbritannien noch eine Rolle spielen. Die Druiden begingen sie damals mit großen Feuern zu Ehren der Sonne. Maskierte Tänzer sollten Dämonen und bösartig gesinnte Geister vertreiben.

Schon lange ist es in den USA Sitte, am Vorabend zu Allerheiligen einen ausgehöhlten Kürbis mit einer ausgeschnittenen Fratze und einer Kerze im Inneren aufzustellen. Das schaurige Gesicht des »Jack-o'-Lantern« soll plagende Geister abwehren. Doch die Kinder lassen sich dadurch nicht abschrecken. In furchterregenden Kostümierungen, je gruseliger desto besser, ziehen sie von Tür zu Tür, treiben ihre oftmals makabren Späße. Dafür werden sie reichlich belohnt, mit Naschereien und kleinen Spielsachen. Besonders begehrt sind selbstgebackene Plätzchen, wie die

---

Pecannut-Cookies – Pecannuss-Plätzchen

Zutaten für etwa 60 Stück:
175 g Mehl, 200 g weiche Butter oder Margarine
175 g brauner Zucker, 1 Päckchen Vanillezucker
1 Prise Salz, 125 g Honig
3 EL Schlagsahne, 225 g Pecannußkerne

Mehl in eine Schüssel sieben. 100 g Butter oder Margarine in Stückchen, 100 g Zucker, Vanillezucker, Salz und 3 EL Wasser zugeben und alles rasch mit den Händen zu einem glatten Teig verkneten. Den Teig zu einer Kugel formen, in Klarsichtfolie wickeln und für 1 Stunde in den Kühlschrank legen.
Für den Belag die restliche Butter, restlichen Zucker

---

und den Honig in einem Topf unter Rühren aufkochen, bis der Zucker sich gelöst hat. Dann die Sahne unterrühren und den Topf vom Herd nehmen. Pecannüsse zugeben, untermengen und alles leicht abkühlen lassen.

Den Backofen auf 180 Grad vorheizen, das Backblech mit Backpapier auslegen.

Den Teig auf der bemehlten Arbeitsfläche 2,5 mm dick zu einem Rechteck ausrollen und vorsichtig auf das Blech legen. In Ofenmitte 15 Minuten backen. Dann die Hitze auf 150 Grad herunterschalten, den vorgebackenen Teig aus dem Ofen nehmen und mit der Nußmischung bestreichen. So weitere 30 Minuten in Ofenmitte backen und anschließend sofort in 4-5 cm große Quadrate oder Rauten schneiden.

Die Plätzchen auf dem Kuchengitter abkühlen lassen. Wer sie noch reichhaltiger mag, tunkt sie nach dem Erkalten zur Hälfte in flüssige dunkle Kuvertüre und läßt sie gut trocknen.

Am vierten Donnerstag im November ist in den Staaten Thanksgiving angesagt. Das Fest erinnert an die ersten Erntedankfeste der Siedler im 17. Jahrhundert, die ihre erfolgreichen Ernten in der Neuen Welt feierten. Die ansässigen Indianer begingen ebenfalls Ende November ihr traditionelles Herbstfest. So vermischten sich schon damals verschiedene Kulturen und werden auch heute noch stolz gepflegt.

Farbenprächtige Paraden in echter amerikanischer Tradi-

tion, bei denen jeder möglichst originell oder nach histori-
schem Vorbild kostümiert ist, ziehen durch die großen
Straßen der Städte. Im Kreise der Familie und liebsten
Freunde vergeht der Tag mit ausgelassenen Spielen und Verkleidungen. Und natürlich darf ein reichhaltiges Dinner
nicht fehlen, zu dem jeder der Geladenen eine eigene Spezialität mitbringt.

Pumkin Pie – ein Kürbisauflauf – und der obligatorische
Truthahn spielen bei jedem Dinner die Hauptrolle. Der Truthahn – Turkey – stammt ursprünglich aus dem Süden Nord-
amerikas und eroberte durch den Kontakt mit der Alten Welt
bald auch Frankreich und Großbritannien, wo er gerne zu
Weihnachten aufgetischt wird. In den USA serviert man ihn,
nach verschiedenen Rezepten gefüllt, und im Rohr gebraten
zu Thanksgiving, also zum Erntedankfest. Weil er aber so
köstlich schmeckt, findet man den Turkey oftmals zu Weihnachten erneut auf der Tafel.

THANKSGIVING-TURKEY – GEFÜLLTER TRUTHAHN

Zutaten für 6-8 Personen:
1 junger Truthahn mit Innereien, etwa 4,5 kg
Salz, schwarzer Pfeffer aus der Mühle
10 dünne Scheiben Weißbrot, 200 ml heiße Milch
100 g weiche Butter
2 mittelgroße Möhren, in kleinen Würfeln
150 g Knollensellerie, in kleinen Würfeln
2 Zwiebeln, gehackt, 4 mittelgroße Eier
1/2 Bund gehackte Petersilie, 4 EL Semmelbrösel

1 Bund Suppengrün, geputzt und in kleine Stücke geschnitten
1/2 l trockener Weißwein, 1/2 l Hühnerbrühe, Instant

Den Truthahn abspülen, mit Küchenpapier trocken tupfen und innen und außen gut mit Salz und Pfeffer bestreuen. Das Brot in Würfel schneiden und in der Milch einweichen.

Den Backofen auf 200 Grad vorheizen.

Die Innereien des Truthahns abspülen und in Würfel schneiden. 50 g Butter in einer Kasserolle erhitzen, Gemüse, Zwiebeln und Innereien darin knapp 5 Minuten anbraten und etwas abkühlen lassen.

Das Brot gut ausdrücken und mit der Gemüsemischung, den Eiern, der Petersilie und den Semmelbröseln zu einem festen Teig verkneten. Falls der Teig zu weich ist, noch etwas Semmelbrösel zugeben.

Den Truthahn damit füllen und mit Küchengarn zunähen. Mit der Brustseite nach oben in einen großen, ofenfesten Bräter legen und großzügig mit der restlichen Butter bestreichen. Das Suppengrün drumherum verteilen und alles auf der unteren Schiene 30 Minuten im Backofen braten. Dann den Wein angießen, den Truthahn wenden und weitere 30 Minuten braten. Anschließend den Ofen auf 160 Grad herunterschalten, den Truthahn erneut wenden und in weiteren 2 1/2 bis 3 Stunden fertig garen. Dabei immer wieder zwischendurch mit Brühe und Bratensaft begießen. Zum Schluß den Truthahn aus dem Bräter nehmen und die Sauce durch ein feines Sieb passieren, et-

> was einkochen lassen und mit Salz und Pfeffer ab-
> schmecken.
> Den Truthahn tranchieren und mit der Sauce und der
> Füllung servieren. Traditionell werden dazu grati-
> nierte Süßkartoffeln gereicht.

Das eigentliche Weihnachtsfest in Amerika könnte bunter und reicher nicht eingeleitet werden. Die Schaufenster und Verkaufsräume der Geschäfte und Warenhäuser präsentieren sich in blendendem Schmuck, von allen Seiten ertönen Weihnachtslieder vom Band. Besonders häufig bekommt man natürlich »White Christmas«, meist gesungen von Bing Crosby, zu hören. Dieses wohl populärste amerikanische Weihnachtslied komponierte Irving Berlin, ein russischstämmiger Amerikaner. 1941 wurde es zum ersten Mal aufgenommen. Schon 1966 hatten rund 50 Millionen Schallplatten mit dem Weihnachtshit den Besitzer gewechselt, und inzwischen zählt der Evergreen zu den weltweit meistverkauften Liedern auf Schallplatte.

Recht lässig erscheint die Gewohnheit, nicht Christmas, sondern Xmas zu schreiben. Doch hat diese Schreibweise einen seriösen, christlichen Hintergrund. Das große X (Chi) ist der Anfangsbuchstabe der griechischen Schreibweise von Christus, die vor allem in der orthodoxen Kirche gebräuchlich ist. Leger, bunt und schrill erscheinen die Weihnachtsbräuche in den großen Städten der USA. Wie man es aus so vielen Spielfilmen kennt, sind die Dekorationen für den europäischen Geschmack an Verspieltheit kaum zu überbieten. Christbaumkugeln in Form von Halloween-Kürbissen oder in Form der Freiheitsstatue sind keine Seltenheit, und inzwischen auch bei uns heiß begehrt.

Bunt dekorierte grüne Kränze schmücken Haus- und Wohnungstüren, und in den Räumen duftet es nach Weihnachtsplätzchen europäischen Ursprungs, oder auch nach reichhaltigen »Brownies«, einem saftigen Gebäck mit viel Schokolade.

BROWNIES –
AMERIKANISCHES SCHOKOLADENGEBÄCK

Zutaten für 30-40 Stück:
125 g Butter oder Margarine, 200 g dunkle Kuvertüre
200 g Zucker, 1 Päckchen Vanillezucker
1 Prise Salz, 2 mittelgroße Eier
175 g Mehl, 150 g Sonnenblumenkerne

Fett und 150 g Kuvertüre in Stücke schneiden und auf dem Wasserbad schmelzen, abkühlen lassen.
Den Backofen auf 200 Grad vorheizen, eine etwa 30 x 40 cm große eckige Backform mit Backpapier auslegen.
Zucker, Vanillezucker, Salz und Eier einrühren, bis eine cremige Masse entstanden ist. Das Mehl darüber sieben und mit 100 g Sonnenblumenkernen unter die Masse rühren. Den Teig in die Form streichen und in Ofenmitte 20-30 Minuten backen, bis nur noch wenig Teig an einem hineingestochenen Holzstäbchen haftet.
Den Kuchen noch heiß in Quadrate schneiden und

---

diese auf dem Kuchengitter abkühlen lassen. Die restlichen Sonnenblumenkerne in der fettlosen Pfanne unter Rühren leicht rösten, die restliche Kuvertüre schmelzen. Die Brownies mit der Kuvertüre bestreichen und mit den Sonnenblumenkernen bestreut trocknen lassen.

Schon Wochen vor dem Weihnachtsfest laden rotgewandete Weihnachtsmänner vor jedem größeren Geschäft zu einem Besuch ein. Besonders die großen Städte Amerikas, allen voran New York, lassen auch Gäste aus Europa zum Christmas-Shopping bitten. Die Fluglinien stellten sich inzwischen mit pauschalen Arrangements zu günstigen Preisen darauf ein.

Auch wenn der Dollarkurs für uns nicht mehr so günstig ist, lohnt sich dennoch eine Reise ins vorweihnachtliche New York. Allein die riesigen, von abertausend kleinen Birnchen erleuchteten Weihnachtsbäume in den Zentren, das in dieser Jahreszeit besonders rege Treiben in den Einkaufsstraßen Manhattans, die bunt illuminierten Fenster der Wohnungen und Häuser sowie die vielen weihnachtlichen Gospel-Konzerte sind eine Reise in die Metropole wert. Und wenn jedermann zum Einkaufen unterwegs ist, kann man um so ungestörter einen Museumsbesuch genießen.

Beim Shoppen auf seine Kosten kommt, wer sich an Jeans, Dessous, Designerkleidung und Kosmetik der Edelmarken hält, diese Artikel sind immer noch vergleichsweise günstig. Auch wer gerne Ausgefallenes zu Weihnachten verschenkt, sollte die Augen offenhalten, denn manches, was in der Menge als Kitsch erscheint, ist für sich allein wunderhübsch und originell. Auskünfte über spezielle Weihnachtsarrangements geben die Reisebüros.

Weihnachten im Hochsommer: Wunderliches aus Australien und Neuseeland

Wenn bei uns vor Weihnachten die ersten Schnee-
flocken fallen, lacht die Sonne Australiens vom Himmel, und es herrschen hochsommerliche Temperaturen. Doch auch hier kommt weihnachtliche Stimmung
auf, allerdings ganz anders, als wir es in Europa ge-
wöhnt sind. Zahlreiche weihnachtliche Attraktionen,
verrückte Paraden, glanzvolle Dinner oder atemberau-
bende Naturerlebnisse laden nicht nur Bewohner des
Kontinents, sondern auch Besucher aus Übersee ein.

Australiens Metropolen im Weihnachtsrausch

Selbstredend erstrahlen die Metropolen Australiens
in festlich-weihnachtlichem Glanz. Der größte Weihnachtsbaum der südlichen Hemisphäre befindet sich
in Sydney, im Queen Victoria Shopping Centre. Die 26
Meter hohe künstliche Konifere wird alljährlich von elf
Mitarbeitern an zwei Abenden aufgebaut, denn 21.000
kleine Birnchen, 4000 goldene Kugeln und 1500 gol-

dene und grüne Bändchen wollen an dem Baumriesen befestigt werden.

Vor einem anderen großen Geschäft, Sydney's Grace Bros. store, stoßen die Besucher auf den singenden Weihnachtsbaum. In der sechs Meter hohen Stahlkonstruktion in Form eines Weihnachtsbaums sind Plattformen für zwanzig Sänger angebracht, die täglich vom Baum, sehr zur Freude der Passanten, Weihnachtslieder erklingen lassen.

Häufig kommen Familien mit ihren Kindern von weither zu Besuch in die Großstädte, und das besonders in der Vorweihnachtszeit. Denn endlich einmal können sie ihren Kleinen die mit Weihnachts- und Nikolausmotiven geschmückten Schaufenster der großen Geschäfte zeigen und ihnen mit einem Tropfen Heimweh in der Stimme von Weihnachten in Europa, ihrer ursprünglichen Heimat, erzählen.

Überall auf dem Kontinent wird Santa Claus schon Anfang November jubelnd empfangen. Der Heilige taucht allerdings selten in langem Mantel und dicken Stiefeln auf. Den sommerlichen Temperaturen angepaßt, kommt er am Meer in roten Boxershorts auf Wasserskiern angeflitzt oder schwebt luftig gewandet per Helikopter in die entfernteren Orte des Kontinents.

In Perth findet eine spezielle Santa-Claus-Parade statt, mit gut 2000 Teilnehmern, die ihren Gast, aufs verrückteste gekleidet, durch die Stadt begleiten. Etwa 35 Paradewagen lassen mit ihren abertausend Lichtern diesen Umzug in einer magischen Traumatmosphäre erscheinen.

Weihnachtspicknick im Grünen

Wie aber begehen Familien das traditionelle australische Weihnachtsfest? Auf jeden Fall ausgelassen und im Kreis ihrer Lieben, mit einem der Jahreszeit angepaßten üppigen Festmahl. Die meisten guten Restaurants bieten spezielle Weihnachtsmenüs und sind oft schon Monate im voraus ausgebucht. Doch ein Picknick am Strand oder an einem besonders schönen Fleckchen im Grünen ist bei Familien und Freunden besonders beliebt. Unter dem Schatten eines mit Weihnachtsmännern bedruckten Sonnenschirms beweisen die Männer ihre Künste im Grillen von Fisch, Krustentieren oder auch gefülltem Truthahn. Kaltes Fleisch und Meeresfrüchte, frische Salate und exotische Früchte bilden die Beigaben zu einem leichten, aber dennoch festlichen Dinner. Eisgekühlter australischer Sekt und Wein und frisches, schäumendes Bier sind ideale und gerngetrunkene Begleiter.

Nicht wundern sollte man sich, wenn man zu Weihnachten am Strand griechische Familien sieht, die ihr Lamm über Feuer rösten, oder Familien aus Malaysia, die ihren Feuertopf den Mince Pies vorziehen. Das Rezept für die kleinen süß gefüllten Törtchen brachten die britischen Zuwanderer in ihren Überseekoffern mit auf den Kontinent. Und jedermann, der seine Traditionen auch über Generationen hinweg beibehält, backt die kleinen Nascheereien zu Weihnachten zum Beispiel nach folgendem Rezept:

MINCE PIES – KLEINE FRUCHTTÖRTCHEN

Zutaten für 8 Törtchen von 6 cm Durchmesser:

Für die Füllung:

50 g Rindertalg, geschmolzen und abgekühlt
100 g Rosinen, 75 g Korinthen
30 g grob gehackte Mandeln
je 30 g grob gehacktes Zitronat, Orangeat und ge-
trocknete Feigen
1 kleiner grob gewürfelter Apfel, 60 g Zucker
je 1 gute Prise geriebene Muskatnuß, Piment-, Zimt-
und Nelkenpulver
1/8 l Weinbrand, 1/8 l trockener Sherry

Für den Teig:

90 g kalte Butter in Stückchen
30 g gekühltes Schweineschmalz in Stückchen
150 g Mehl und Mehl zum Arbeiten
1 gute Prise Salz, 2 EL Zucker
3-4 EL eiskaltes Essigwasser
Butter oder Margarine für die Förmchen

Für die Füllung Rindertalg, Rosinen, Korinthen, Mandeln, Zitronat, Orangeat, Feigen, Apfel, Zucker und
die Gewürze in einer Schüssel vermengen. Weinbrand
und 1/16 l Sherry zugeben, unterrühren und die Schüssel zugedeckt gut 3 Wochen kalt, aber nicht in den
Kühlschrank stellen. Dabei immer wieder zwischendurch umrühren und eventuell von den Früchten

aufgesaugte Flüssigkeit durch die Zugabe von weiterem Sherry ersetzen.

Für den Teig Butter, Schmalz, Mehl, Salz, Zucker und Essigwasser in eine Schüssel geben und rasch mit den Händen verkneten, ohne daß der Teig speckig glänzend wird. Dann zu einer Kugel formen und in Klarsichtfolie gewickelt mindestes für 1 Stunde in den Kühlschrank legen.

Den Backofen auf 200 Grad vorheizen, 8 Torteletteförmchen mit Butter oder Margarine einfetten.

Den Teig auf der bemehlten Arbeitsfläche 3 mm dünn ausrollen und mit einem umgedrehten Glas 16 runde Scheiben von 8 cm Durchmesser ausstechen. Die Förmchen mit je 1 Teigscheibe auslegen, den Rand hochziehen und in jede Form 1 Portion der Füllung geben. Den Rand der Teigböden mit Wasser bepinseln und die restlichen Teigscheiben als Deckel obenauf legen. Die Teigränder mit den Fingern oder den Zinken einer Gabel fest zusammendrücken. Im Abstand von 1/2 cm zwei 1 cm lange Schnitte parallel in den Teigoberflächen anbringen. Die Pies auf das Backblech setzen und in Ofenmitte 10 Minuten backen. Dann die Temperatur auf 175 Grad herunterschalten und weitere 20 Minuten backen, bis die Kruste appetitlich goldbraun ist. Zum Schluß die Mince Pies aus dem Ofen nehmen, vorsichtig mit einem spitzen Messer an den Rändern von den Förmchen lösen und etwas abkühlen lassen. Warm mit Schlagsahne oder Rumbutter (s. Seite 196) servieren.

Doch trotz aller kultureller gastronomischer Unterschiede und der hohen Temperaturen konnte sich der reichhaltige Weihnachtspudding (s. Seite 194f.) unumstößlich im Repertoire des Weihnachts-Dinners jeder Familie etablieren. Eigene Firmen spezialisierten sich erfolgreich auf die Herstellung des Plumpuddings, und kaum eine australische Hausfrau wird für dessen Zubereitung über Stunden in der Küche stehen. Spätestens nach diesem Dessert kann man allerorts Familien unter ihren Sonnenschirmen beobachten, die dort friedlich ihr Verdauungsschläfchen halten.

Die ganz besonderen Weihnachtsfeiern

Bei bis zu 38 Grad im Schatten zieht es viele Australier in eine der kühlen Höhlen Südaustraliens. Dort, in Coober Pedy zum Beispiel, etablierten sich nicht nur Fünf-Sterne-Hotels in Höhlen, die spezielle Arrangements in der Festzeit anbieten, sondern auch Kirchen, in denen die Weihnachtsmesse zelebriert wird.

Wer gegen schwüle Hitze nichts einzuwenden hat, verbringt seine Weihnachtsferien in den Regenwäldern Australiens, zum Beispiel im Coconut Beach Rainforest Resort. Neben umwerfenden Impressionen der hier reich wuchernden Vegetation wird selbstverständlich ein Weihnachtsmenü angeboten, in einem Restaurant mit atemberaubendem Ausblick auf den Ozean.

Im Herzen Australiens, im Ayers Rock Resort, beginnt der weihnachtliche Besuch mit einem spektakulären Sonnenuntergang am Heiligen Abend. Zusammen mit den anderen Gästen bestaunt der Besucher die einmalige Atmosphäre von einer Sanddüne aus und nippt währenddessen genüßlich an seinem Sektglas, knabbert ein delikates Canapée und lauscht den eigentümlichen Klängen des Didgeridoo, einem Instrument der Ureinwohner Australiens. (Informationen über Australian Tourist Commission, Neue Mainzer Straße 22, 60311 Frankfurt/Main, Telefon 069/274006 20, Fax: 069 27400640.)

Weihnachten mit Schnee-Garantie – in Australien kein Problem

In den letzten Jahren erfanden unermüdliche Weihnachtsfans das »Weihnachtsfest im Juni«. Denn in dieser, für Australien kalten Jahreszeit, schmecken Weihnachtspudding und schwere Braten einfach besser als im Hochsommer. In den Skigebieten der Snowy Mountains, in den Blue Mountains und in den Southern Highlands feiert man so das Yulfest vom Juni bis zum August ein zweites Mal, und viele Hotels servieren die typischen Weihnachtsspezialitäten.

Schneegarantie im Dezember kann Australien nur weit in der Antarktis bieten, auf einer der australischen Inseln im ewigen Eis. Sehr reizvoll ist das allerdings nicht, denn bei eisigen Temperaturen leben hier nur einige Forscher in extremer Isolation. Bei starken Winden, Minustemperaturen bis zu 60 Grad und 24 Stunden Dunkelheit fällt es den in der Antarktis stationierten australischen Wissenschaftlern denn auch verständlicherweise schwer, romantische Weihnachtsstimmung aufkommen zu lassen. Doch die bringen ihre engsten Verwandten bei einem Weihnachtsbesuch mit und tragen das ihrige zu einem gemütlichen und geselligen Fest bei.

Und derjenige mit dem längsten Bart besitzt die Ehre, »Father Christmas«, also den Weihnachtsmann zu spielen und der fröhlichen Gesellschaft die Geschenke zu bescheren.

Fröhliche Weihnachten in Neuseeland

Auch hier, am Ende der Welt, fließen britische, deutsche und andere Weihnachtstraditionen unverkennbar ein. Doch bei Temperaturen um die 25 Grad und immerwährendem Sonnenschein läßt es sich besonders entspannt und fröhlich feiern. Statt frommer Gesichter und Liedern bei Kerzenschein, ziehen die Kiwis, wie die Neuseeländer liebevoll genannt werden, mit Sack und Pack ins Freie und feiern Weihnachten mit einem ausgelassenen Picknick oder einem Barbecue am Strand.

Da der neuseeländische Sommer Ferienzeit ist, stehen noch mehr Freizeitangebote als sonst zur Auswahl. White Water Rafting, Wanderungen durch einen der dreizehn Nationalparks und Bungee Jumping stehen ganz oben auf der Hitliste der weihnachtlichen Unternehmungen.

Vor allem aber auch mit seinen überwältigenden Naturschönheiten beschert das Land seinen in- und ausländischen Besuchern Weihnachtsgeschenke, die sie nie vergessen werden: von exotischer Fauna gesäumte Fjorde im Südwesten der Südinsel, die tätigen Geysire bei Rotorua oder die Möglichkeit, bei Kaikoura Wale aus der Nähe beobachten oder mit Delphinen schwimmen zu können.

An den Tagen zwischen Weihnachten und Silvester erscheinen die Neuseeländer noch entspannter und zufriedener als ohnehin schon. Sie genießen einfach ihre freie Zeit und die festliche Stimmung dieser Tage.

Zu Silvester veranstalten die größeren Städte Neuseelands Feste mit Musik und Feuerwerk. Und nirgends in der Welt ist das neue Jahr so neu wie hier, unmittelbar westlich der internationalen Datumsgrenze. Wer also einmal die ersten Sonnenstrahlen des ersten Tages im neuen Jahr als erster genießen möchte, sollte seine Silvesterparty auf die Spitze des Mount Hikurangi verlegen. Der Berg am östlichsten Punkt der Nordinsel gilt als der Ort auf der Welt, wo die Sonne jeden Tag als erstes lacht. (Informationen über das Fremdenverkehrsamt von Neuseeland, Friedrichstraße 10-12, 6323 Frankfurt/Main, Telefon 069/9712110, Fax 069/97121113.)

Weihnachten in der Karibik und in Lateinamerika

Weihnachten an Palmenstränden mit türkisfarbenem Wasser – trotz tropischer Temperaturen feiern die Menschen der Karibischen Inseln Weihnachten wie in Europa. Denn die Eroberer und Besetzer brachten ihre Sitten und kulinarischen Vorlieben mit, die Briten und Franzosen, die Niederländer und die Spanier.

So lassen sich ihre Nachfahren auf Jamaica und Barbados von Father Christmas bescheren und essen englischen Weihnachtspudding, wenn auch in leichterer Form als in Old England, und nennen ihn »Kuchen«. Auf den Französischen Antillen kommt Père Noël, und die Biskuitrolle »Bûche de Noël« ist der Mittelpunkt der Kaffeetafel. Auf die ehemals holländischen ABC-Inseln – Aruba, Bonaire und Curaçao – macht Santa Claus einen Abstecher, und die Bewohner knabbern holländischen Spekulatius. Auf spanisch erleben die Dominikanische Republik und Puerto Rico den Geburtstag des Jesuskindes und servieren als Festtagsbraten einen Truthahn mit spanischer Füllung, eine kulinarische Demonstration der kulturellen Bande.

Doch den einst besinnlichen Bräuchen setzten die zu Millionen als Sklaven in die Karibik verschleppten Westafrikaner einen gehörigen Schuß Temperament und Feuer zu, wie ihrer Küche »hot peper« – Chilischoten. Teile ihrer eigenen Kultur flossen in das Fest ein und verleihen auch den Weihnachtsgottesdiensten der verschiedenen christlichen Religionsgemeinschaften die lebhafte karibische Note. Weihnachtliche Umzüge mit Calypso- und Rumba-Rhythmen lassen eher an Karneval als an Bethlehem denken. Das lebhafteste und originellste Beispiel für Weihnachten im karibischen Stil kann man auf der Inselgruppe der Bahamas erleben, bei dem auch Besucher aus Europa, die aus der Kälte des Nordens an die Traumstrände fliehen, als Zuschauer anwesend sind.

Junkanoo auf den Bahamas

Das Fest beginnt, ähnlich wie in England, indem die Bahamesen entweder am Heiligen Abend oder am ersten Weihnachtstag in die Kirche gehen. Doch gestalten sich die Gottesdienste der verschiedenen Religionsgemeinschaften weniger feierlich, dafür aber um so lebhafter mit temperamentvollen Gospelgesängen der überwiegend schwarzen Bewohner der Inseln. Und so erlebt man in den meisten Kirchen eine tolle Soulmusik live. Zu den Klängen einer Band wird geklatscht, geswingt und manchmal bis zur Ekstase getanzt. Von stiller Anbetung des Jesuskindes kann keine Rede sein.

Am Weihnachtsmorgen erhalten die Kinder ihre Geschenke. Die Familien besuchen sich gegenseitig oder treffen sich zum gemeinsamen Weihnachtsessen mit Turkey, dem Puter im amerikanischen Stil, oder nach altem englischen Brauch zu einem großen gekochten Schinken. Dabei wird der Weihnachtsbaum bewundert – in manchen Häusern eine echte Tanne, aus den USA importiert, andere Bahamesen schmücken eine einheimische Pinie. Egal, welcher Baum es auch sein mag, ob echt oder künstlich, er gehört auch auf den Bahamas Weihnachten in jedes Haus.

Das alles klingt noch europäisch vertraut. Doch am zweiten Weihnachtstag nimmt Afrika vom Fest Besitz. Es beginnt damit, daß die Nacht vom 25. zum 26. Dezember durchgefeiert wird. Um zwei Uhr morgens gehen alle auf die Straße, feiern wie im Karneval und warten auf die große Parade. »Junkanoo« heißt das typisch afro-bahamesische Ereignis, das auf allen größeren dieses rund 700 Inseln zählenden Staates gefeiert wird. Von Walker's Cay im Norden bis Inagua im Süden läßt es niemanden schlafen. Die größten Paraden finden in Nassau und Freeport/ Grand Bahama statt.

Der Ursprung des Festes geht auf die Zeit des Sklavenhandels zurück. Einmal im Jahr, nur an diesem einen Tag, durften sich die schwarzen Leibeigenen frei bewegen, und es war ihnen erlaubt, ein Fest mit ihren eigenen afrikanischen Bräuchen zu feiern. Über die Herkunft des eigenartig klingenden Namens herrscht keine einheitliche Meinung. Die populärste Theorie lautet, daß der aus Afrika kommende Stammeshäuptling John Canoe dem Fest seinen Namen gab. In einer anderen heißt es, daß der französische Begriff »gens inconnus« – die unbekannten, maskierten Menschen – Pate stand. Den schottischen Siedlern auf den Bahamas fiel dazu auch etwas ein. Sie führten das Wort auf »junk enough« – eine ganze Menge Trödel – zurück. Ganz gleich, welche der Deutungen von Junkanoo richtig sein mag, das Fest bildet einen wichtigen Bestandteil der bahamesischen Kultur, und alle nehmen mit Begeisterung an den Paraden teil.

Diese setzt sich aus zahlreichen Karnevalsgruppen zusammen, die aus bis zu tausend Teilnehmern bestehen können. Sie sind mit farbenprächtigen, überdimensionalen Kostümen ausgestattet. Sowohl diese wie auch der schillernde Kopfschmuck der Zugteilnehmer werden in liebevoller Handarbeit aus Draht, Pappe und unzähligen Streifen Kreppapier gefertigt und geklebt. Nicht selten besteht so ein Kostüm aus 50 000 Schnipseln. Und bereits im August, lange bevor bei uns die Lebkuchen gebacken werden, beginnen auf den Bahamas die aktiven Gruppen mit den Vorbereitungen für die große Weihnachtsparade.

Jede Gruppe legt das neue Thema fest. Die geplanten Kostüme sind während dieser Zeit das bestgehütete Weihnachtsgeheimnis der Welt, behauptet man auf den Inseln. Jede der zahlreichen Junkanoo-Gruppen, die sich zum Beispiel »Fox Hill Congos« oder »Z-Bandits«, »Saxon Superstars« oder »Most Qualified« nennen, hoffen darauf, den ersten Preis für ihre dekorativen Kunstwerke zu gewinnen. Die

250

Kreationen können aktuelle gesellschaftliche Themen aufgreifen und persiflieren, doch auch völlig der Phantasie entsprungen sein. Sie besitzen mitunter Ausmaße bis zu 2 Meter 50 Höhe mit entsprechendem Gewicht. Da werden bei manchen bis zu sechs starke Männer gebraucht, um sie zu tragen, die alle 15 oder 30 Minuten von frischen Trägern abgelöst werden müssen.

Selbstverständlich wird der ganze Zug von mitreißender Musik begleitet, die von Trillerpfeifen, Kuhglocken, Rumbarasseln und den mit gegerbtem Ziegenfell bespannten Gommbay-Trommeln stammt. Sie geben den Takt an für das »rushing«, das rhythmische Vorwärtsbewegen. Akrobaten, Stelzentänzer und Clowns erheitern und faszinieren das Publikum mit ihren Späßen und der Gewandtheit ihrer Körper. Es ist fast unmöglich, von der ausgelassenen Lebensfreude nicht mitgerissen zu werden.

Um 8 Uhr abends findet dann die ersehnte Prämierung der Junkanoo-Gruppen statt. Jede möchte die schönste und originellste sein, denn schließlich geht es um erhebliche Preise. Da kann eine ganze Gruppe, falls ihre Musik und Kostüme die Jury am meisten begeistern, bis zu 25 000 US-Dollar bekommen. Danach ist zwar das Spektakel beendet, doch noch nicht das Fest. Intern feiern die Gruppen weiter, und man genießt zum Abschluß vielleicht noch einen der berühmten Rum-Drinks, wie die »Bahama Mama«, die bei keiner Gelegenheit fehlt.

BAHAMA MAMA

Zutaten für 1 Glas:
4 cl brauner Rum
2 cl Apricot Brandy oder Triple sec
2 EL zerstoßenes Eis
Orangen- oder Ananassaft

In ein hohes Glas Rum und Likör geben, zerstoßenes
Eis zufügen, umrühren und Saft aufgießen.

Die Möglichkeit zur Teilnahme an einer weiteren Parade bietet sich nochmals in den frühen Morgenstunden des Neu-
jahrstages, wobei die Gruppen neue Kostüme tragen.

Für Besucher der Bahamas werden das ganze Jahr über im
Junkanoo-Museum in Nassau die schönsten Wagen und Kostüme gezeigt und der kulturelle Hintergrund des Festes er-
klärt, das oft mit dem Karneval in Rio oder dem Mardi Gras
in New Orleans verglichen wird. Das Junkanoo-Expo Museum befindet sich an der Prince George Wharf in Nassau,
dem Hafen, an dem die Kreuzfahrtschiffe anlegen, und ist
täglich von 10 bis 16 Uhr geöffnet.

Wer Weihnachten statt Stollen eine Spezialität aus der
Karibik zubereiten möchte, probiert vielleicht einmal
diese:

WEIHNACHTSKUCHEN VON DEN KARIBISCHEN INSELN

Zutaten für 1 hohen, ofenfesten Topf oder 1 Napfkuchenform:
125 g Sultaninen, 125 g Korinthen
125 g trockene Datteln, entsteint und gewürfelt
je 50 g gewürfeltes Zitronat und Orangeat
60 g kandierte Kirschen, geviertelt
1/2 TL gemahlener Zimt, 1 Prise geriebene Muskatnuß
120 g frisches gewürfeltes Weißbrot ohne Kruste
225 g Weizenmehl, 1 TL Backpulver
120 g Zucker, 125 g geschmolzene Butter
150 ml Brandy oder Rum
1 Päckchen Vanillezucker, 3 Tropfen Mandelaroma
3-4 EL Orangensaft, 125 ml Milch
80 g gemahlene Mandeln, 40 g gemahlene Cashewnüsse
6 Eier

In einer Rührschüssel Sultaninen, Korinthen, Datteln, Zitronat, Orangeat, Kirschen, Zimt, Muskat und Brotwürfel vermischen. Mehl, Backpulver, Zucker und Butter zufügen und gründlich untermischen.
Brandy, Vanillezucker, Mandelaroma und Orangensaft verrühren, über die Zutaten in der Schüssel gießen und vermischen. Zudecken und über Nacht kühl stellen.
Am nächsten Tag Milch, Mandeln, Nüsse und Eier verquirlen und unter den Teig rühren. Die Form gründ-

lich einfetten und die Mischung hineingeben, dann mit einem fest sitzenden Deckel oder einer doppelten Lage Alufolie verschließen.

Einen großen Topf etwa zur Hälfte mit Wasser füllen und aufkochen. Die Form so hineinsetzen, daß kein Wasser hineinlaufen kann. Den Pudding bei mittlerer Hitze 3 Stunden garen. Die Form aus dem Topf nehmen und abkühlen lassen. Danach aus der Form stürzen. Der Kuchen wird mit Schlagsahne serviert.

Mexiko – Weihnachten und Gott Huitzilopochtli

Für die Landbevölkerung Mexikos sind christliche Feste eine willkommene Abwechslung im sonst monoton verlaufenden Jahr. Nur schwer läßt sich allerdings bei manchen religiösen Anlässen herausfinden, ob es sich um ein Fest der heiligen Mutter Kirche handelt oder um ein Fest für einen Gott aus dem alten Mexiko. Es scheint, daß christliches und heidnisches Erbe mit der Zeit so verschmolzen, daß jeder Glaube seine würdevolle Bestätigung findet.

Jedenfalls freuen sich alle auf die traditionellen Feste, wobei auch auf die Zubereitung verschiedener Speisen nicht nur aus rituellen Gründen besonderer Wert gelegt wird. Lange vor den festlichen Ereignissen wird dafür gespart. Diese setzen bereits im November mit Allerheiligen ein. Bei »Todos Santos« handelt es sich um das wohl typischste me-

xikanische Fest und soll deshalb in diesem Buch nicht unerwähnt bleiben, da es zudem fast an den Beginn der Weihnachtszeit stößt.

Ursprünglich wurde im alten Mexiko im November das
Fest der Ankunft der Götter gefeiert, und alle Altäre innerhalb des Hauses wurden zu diesem Anlaß festlich geschmückt. Tische wurden mit Blumen und Kerzen prächtig
hergerichtet und mit einem reichhaltigen Angebot an Speisen und Getränken versehen, vor allem auch mit »Atole«, einem Getränk mit vergorener Maisstärke.

Dieser Brauch wurde beibehalten, doch wird heute das Fest
Allerheiligen vielleicht zu Ehren der Götter und der Toten gemeinsam begangen. In Zentralmexiko bietet man ihnen Tamales an, Maisklößchen mit »Moles«, einer Chilisauce, und
eine Vielzahl an Süßigkeiten. Mit Totenschädeln bemalte
Krapfen, Miniaturfrüchte aus Zucker und Marzipan sind typisch für diese Zeit und leiten kulinarisch zu der nachfolgenden Periode der Posadas, der vorweihnachtlichen Feste über.

Auch hier verschmelzen wieder Heidnisches und Christliches, und es scheint, als hätten die Götter der Azteken und
die Dreifaltigkeit der Europäer durch einen Kompromiß zu-
sammengefunden.

Schon seit langer Zeit feierten die Azteken die Geburt ihres Nationalgottes Huitzilopochtli (die Europäer verball-
hornten den Namen in Hutzliputzli) nach ihrem Kalender im
Monat Paquetzalizli zwischen dem 7. und 26. Dezember.
Gäste wurden nach Hause zum Essen eingeladen und mit
kleinen Figuren des Gottes aus einem Teig mit Amaranth-
mehl, einem hirseähnlichen Getreide, beschenkt, bis die
christlichen Mönche von Spanien aus Mexiko erreichten.

Das Zusammenfallen des Götterfestes mit der Geburt Christi nutzten die um das Seelenheil des alten Kulturvolkes besorgten Augustinermönche von Acolma geschickt aus, um das Christentum bekannt zu machen. In Schauspielen wurden während der letzten neun Nächte vor Weihnachten, vom 16. bis 24. Dezember, die einzelnen Tage dargestellt, die der heilige Josef und die Jungfrau Maria während ihrer mühseligen und gefährlichen Reise von Nazareth bis Bethlehem durchlebten. Damit begann die Tradition der Herbergssuche, der »Posadas«, die heute von Stadt zu Stadt verschieden ausfällt. Traditionell sind Maria und Josef die Gefeierten und entweder als Heiligenfiguren oder als verkleidete Gläubige anwesend. Gefeiert wird bei kleinen Gerichten und vor allem bei »Ponche de Navidad« – Weihnachtspunsch –, zubereitet mit Früchten, Rotwein und Rum.

PONCHE DE NAVIDAD – MEXIKANISCHER WEIHNACHTSPUNSCH

Zutaten für 4-6 Personen:
1 große, reife Quitte
4 Guaven, 1 Apfel
50 g Rosinen, 1 Stange Zimt
Zucker nach Geschmack
1/4 l Rotwein, 1 guter Schuß Rum

Die Früchte waschen, halbieren, die Kerne und Stiele entfernen und das Fruchtfleisch in mittelgroße Stücke schneiden. 1 1/2 l Wasser mit den Rosinen, etwas

Zucker und Zimt aufkochen, die Früchte hineingeben und kochen bis sie weich sind. Den Topf vom Feuer nehmen, Rotwein und Rum zugießen, nochmals erhitzen und den Punsch servieren.

Neben Punsch, Musik und Tanz bildet die Piñata die Hauptattraktion eines Posada-Abends.

Die Piñata – der Überraschungstopf

Die Geschichte der Piñata begann damit, daß der Augustiner Fray Diego de Soria von Papst Sixtus V. (Pontifikat bis 1590) die Erlaubnis erhielt, im neuen Spanien die »aguinaldo« genannten Messen in der Vorweihnachtszeit abzuhalten. Diese wurden in den Höfen der alten Tempel zelebriert. Nach dem Ende der Gebete verteilten die Mönche Früchte an die Gläubigen.

Mit der Zeit übernahmen die Familien diese Bräuche zu Hause. Während der neun Tage vor Weihnachten beteten und gedachten sie des Schicksals der heiligen Familie. Am Ende der Gebete und Gesänge wurde mit Süßigkeiten gefülltes Spielzeug an die erwachsenen Besucher verteilt. Für die Kinder gab es einen mit Früchten gefüllten und mit Seidenpapier in fröhlichen Farben verkleideten Topf, »Piñata« genannt. Ein Kind erhielt die Aufgabe, mit verbundenen Augen den Topf mit einem Stock zu zerschlagen.

Über den Ursprung des Topfes, der auch in Spanien zum

Weihnachtsabend gehört und »Urne des Schicksals« genannt wird, gibt es keine gesicherte Erkenntnis. Manche nehmen an, daß er auf die Araber zurückgeht, die ihn nach der Eroberung Spaniens mitbrachten, von wo die Sitte in die neue Welt gelangte. Auch in Neapel, am Hofe der Bourbonen, war die Piñata bekannt. Sie wurde mit Überraschungen, sogar mit Schmuck gefüllt, jedoch erst nach Weihnachten, am ersten Fastensonntag zerschlagen, um die Freude der Faschingszeit noch etwas zu verlängern.

Ein Chronist des Augustinerordens, Fray Juan de Grijalba, verbindet den Topf mit einer eher düsteren Symbolik, die er so beschreibt: «Der auffällig verkleidete Topf stellt Satan oder den Geist des Bösen dar und lockt mit seiner Erscheinung die Menschen an. Der im Topf eingeschlossene Inhalt repräsentiert die unbekannten Genüsse, die Satan dem Menschen bietet, um ihn in sein Reich zu locken. Die Person mit verbundenen Augen symbolisiert den Glauben, der blind sein muß, und dem es obliegt, den bösen Geist zu zerstören.»

In seiner Originalform gleicht der Topf einem Stern mit sieben Zacken. Jeder dieser Zacken soll für eine der Todsünden stehen, wie die Gefräßigkeit, die Lüge, die Wollust usw. Doch wenn der Glaube triumphiert, daß heißt, der Topf zerstört werden kann, wird alles gut, fallen herrliche Geschenke vom Himmel und erfreuen – symbolisch – die gesamte Menschheit, zumindest die im Raum Anwesenden.

Im modernen Mexiko, vor allem in den Städten, ist heute der Topf weniger schicksalhaft belastet, sondern nur noch ein Gefäß mit erfreulichen Überraschungen, mit leckeren Sachen – Früchten, Nüssen, Keksen und allerlei Süßigkeiten

– gefüllt, wie bei uns der Weihnachtsteller. Mit buntem Papier und kegelförmigen Spitzen verziert, stellt er für viele jetzt den Weihnachtsstern dar, der über den Köpfen der Anwesenden baumelt. Einigen werden die Augen verbunden, und mit einem Stock in der Hand versuchen sie, den Topf zu treffen. Wem es gelingt, erhält den Beifall der anderen. Und dann stürzen sich alle auf den Inhalt, der sich auf dem Boden ausbreitet. Mittlerweile sind Piñatas, wie bei uns Adventskranz und Weihnachtsbaum, in allen erdenklichen Verkleidungen und Garnituren in Mode gekommen und auch auf Kindergeburtstagen als Überraschung üblich geworden.

Mit besonderer Intensität hält die einfache, gläubige Bevölkerung auch heute noch an Bräuchen fest, die mit der Nationalheiligen, Unserer Lieben Frau von Guadalupe, in Verbindung stehen. Der braunen Madonna werden zahlreiche Wundertaten nachgesagt. 1531 soll sie einem Indio namens Juan Diego auf dem Pepeyad-Hügel in Mexico City erschienen sein und ihr Abbild in seinem Umhang hinterlassen haben.

Zwar wird das ganze Jahr über zur Wallfahrtskirche der Madonna gepilgert, doch ist der 12. Dezember ihr größter Festtag. Mit großem Gepräge und unter der Teilnahme von Volksgruppen aus ganz Mexiko geht er den vier Tage später beginnenden Posadas voraus. Am Vorabend erreicht der Ansturm auf die Kathedrale seinen Höhepunkt. Ziel der Gläubigen und Hilfesuchenden ist vor allem die Mitternachtsmesse zu Ehren der Muttergottes. In der modernen Basilica de Guadalupe, die eine ältere, baufällige Kirche ersetzte, zieht der Besucherstrom auf einem ständig laufenden Transportband am Bildnis der Madonna vorbei. Auf dem großen Vorplatz der

Basilika wird campiert, gesungen und getanzt, und natürlich auch gegessen und getrunken. Kleine mobile Imbißstände versorgen die Gläubigen mit dem Notwendigen.

Wie in anderen christlichen Ländern füllen sich auch in ganz Mexiko in der Heiligen Nacht und am Weihnachtstag die Kirchen zur Mitternachts- oder Weihnachtsmesse. Viele Indios kommen in ihren malerischen Trachten. In den Kirchen bilden die »Nacimientos« – die Krippen – besondere Anziehungspunkte. Und es gehört auch zur Sitte, daß jede Familie eine buntbemalte, häufig selbstgemachte Krippe aus Ton oder Salzteig besitzt und diese vor dem Haus oder im Haus selbst aufstellt.

Zu einem typischen Weihnachtsessen gehört in Mexiko der Truthahn, wie in Spanien mit deftigen Zutaten wie Schweinefleisch, gekochtem Schinken, Gewürzen, Mandeln und Oliven gefüllt.

Ein weiterer Höhepunkt der Weihnachtszeit ist auch in Mexiko das Fest »Los Reyes Magos« – Heilige Drei Könige – am 6. Januar. Dann sieht man überall in den Bäckereien die leckeren Kränze für den Festtag liegen. Im Beisein der Familie und der Freunde wird der Kranz in gleich große Teile geschnitten. Wer die eingebackene Bohne oder Figur findet, muß sich einen Partner oder eine Partnerin suchen, um mit diesem/dieser gemeinsam am 2. Februar zu Mariä Lichtmeß ein Fest oder ein Essen mit »Tamales« für all diejenigen auszurichten, die vom Kranz mitgegessen haben.

Für Tamales besitzt jede Region ihre eigenen Rezepte, und man benötigt getrocknete Maishülsenblätter, auf die ein Teig aus Maisschrot und Schmalz gestrichen wird. Hinein kommt eine herzhafte Füllung aus Fleisch, Fisch oder

Gemüse, oder Süßes, wie Früchte oder Marmelade, die in den Blättern gegart wird.

Feuerwerk und Weihnachtslotterie in Lateinamerika

Auch in den Staaten Lateinamerikas besitzt das Fest eine von Spanien oder Portugal geprägte Tradition. Daneben eroberten seit dem Zweiten Weltkrieg Weihnachtsmann und lichterglänzender Christbaum, die auch hier wenig in den klimatischen Rahmen passen, die Städte. Und wie auf den Karibischen Inseln und in Mexiko verleihen prächtige Umzüge der schwarzen Bevölkerung in Phantasiekostümen oder der Abkommen der Ureinwohner in ihren traditionellen Trachten dem Fest Charakter. Überall, im Radio, auf den Straßen und Plätzen, erklingen in der Vorweihnachtszeit heimische Volkslieder, Samba-Rhythmen und unser »Stille Nacht, heilige Nacht«.

In Kolumbien beginnen die Weihnachtsfeierlichkeiten mit dem 16. Dezember. Die Familie wandert in den Wald, sammelt Moos und geeignete Blätter für die Krippe, die schon dann aufgestellt wird. Bei Einbruch der Dunkelheit wird zu Hause gemeinsam gebetet, gefeiert, musiziert. Um Mitternacht geht die Feier zu Ende, wird jedoch an jedem Abend bis zum Weihnachtsfest wiederholt. Die Sitte ähnelt den Posadas in Mexiko.

Am Heiligen Abend, nach der Christmette, gibt es als Höhepunkt ein großes Feuerwerk, auf den Straßen wird getanz und natürlich zu Hause gut gegessen und getrunken. Die Kinder finden am nächsten Morgen unter ihren Betten kleine Geschenke und Süßigkeiten. Ganz besonders freuen sich alle über die »Biscochos de Maïz« – kleine Maismehlkuchen – , die zu Weihnachten gebacken werden.

»BISCHOCHOS DE MAÏZ« – KOLUMBIANISCHE MAISMEHLKUCHEN

Zutaten für etwa 30 Stück:
125 g Butter
175 g weißes Schweineschmalz ohne Grieben
175 g Zucker, 2 Eier, 1 Prise Salz
250 g Maismehl, 250 g Weizenmehl
100 g rote Marmelade

Butter und Schweineschmalz in einem großen Topf schmelzen, vom Herd nehmen und abkühlen lassen. Zucker, Eier und Salz verquirlen und unter das Fett rühren. Maismehl und Mehl sieben und nach und nach unterrühren und gut durchkneten. Aus je 1 TL Teig kleine Kugeln formen von etwa 4 cm Durchmesser.
Den Ofen auf 200 Grad vorheizen. Das Blech mit Backpapier auslegen oder einfetten, die Kugeln mit reichlich Abstand darauf setzen, in Mitte mit dem Stiel eines Holzlöffels Vertiefungen eindrücken und etwas Marmelade einfüllen. Die Kuchen etwa 20 Minuten backen und auf einem Backgitter abkühlen lassen.

In La Paz, der Hauptstadt Boliviens, liebt man in besseren Kreisen importierte Tannenbäume aus Deutschland und schmückt sie zum Heiligen Abend mit Watteflocken. Doch die Hochlandindianer feiern ihr Fest auf traditionelle Art, tanzen und trommeln an den dörflichen Kultstätten. Und wenn am Abend die Heiligen Drei Könige angeritten kommen, folgen ihnen die Indios bis zur nächsten großen Wallfahrtskirche, wo sie ihre Haustiere nach der Christmette vom Padre segnen lassen. In den größeren Ortschaften werden auch Weihnachtsmärkte mit handwerklichen und kulinarischen Erzeugnissen abgehalten.

In Chile, wo Einwanderer aus Deutschland den Christbaum in Mode brachten, möchte kaum eine Familie auf ihn verzichten. Während der Adventszeit ziehen abends in den großen Städten überall Wachparaden auf, mischt sich Militärmusik mit Weihnachtsliedern.

In Brasilien werden zum Fest an allem, was sich als Weihnachtsbaum verwenden läßt – an Pinien, sogar an Kakteen wie auch an künstlichen Weihnachtsbäumen –, Lichter und Flitterschmuck angebracht. Seit kurzem schwebt der Weihnachtsmann im Helikopter bei 40 Grad im Schatten vom heißen Himmel Rios und beschenkt Kinder und Erwachsene, vorausgesetzt, daß die brav waren. Er bringt auch das köstliche Kokosnußgebäck, das in Brasilien natürlich aus frisch geriebener Kokosnuß besteht und in der Weihnachtszeit Hochkonjunktur hat. In Rio de Janeiro läßt der Magistrat auf dem Hauptplatz der Stadt einen besonders hohen Baum aus Pappmaché errichten und wünscht damit allen Bewohnern »Feliz Natal« – Frohe Weihnachten.

Pélas de Coco –
Brasilianische Kokosnussbällchen

Zutaten für etwa 34 Stück:
250 g Zucker, 4 Eigelb
30 g Maisstärke
abgeriebene Schale 1/2 Zitrone, unbehandelt
200 g Kokosflocken, das Mark 1 Vanilleschote

Zucker mit 1/4 l Wasser in einem Topf unter Rühren
so lange erhitzen, bis sich der Zucker aufgelöst hat und
ein Sirup entsteht. Zur Probe 1/2 TL Sirup in kaltes
Wasser laufen lassen. Erstarrt er, ist die Konsistenz
richtig. Den Topf vom Herd nehmen. Eigelb und Maisstärke mit Zitronenschale in einem Topf vermischen.
Den Topf auf den Herd stellen und den Sirup unter
Schlagen hineinlaufen lassen. Die Kokosflocken untermischen und rühren, bis eine feste Masse entstanden ist. Sie darf jedoch nicht kochen. Das Vanillemark
unterrühren und die Masse abkühlen lassen.
Den Backofen auf 200 Grad vorheizen. Ein Backblech mit Backpapier auslegen. Mit 2 Teelöffelchen
kleine Bällchen formen und im Abstand von 2-3 cm
auf das Blech setzen. Das Gebäck in Ofenmitte 10-
12 Minuten backen, auf einem Gitter abkühlen lassen. Je nach Geschmack kann man die Kokos-
plätzchen noch mit geschmolzener Schokolade
überpinseln.

In ganz Lateinamerika gibt es kein Weihnachtsfest ohne die große Weihnachtslotterie und – in einigen Ländern – nicht ohne Weihnachtsstierkampf. Der Erlös dieser Veranstaltungen kommt häufig armen Kindern zugute, die zum Fest beschenkt werden.

Wie groß die Armut der Kinder vor allem in Brasilien ist, beschreibt eindrucksvoll ein Textabschnitt aus einem Weihnachtsspiel der Gegenwart mit Kindern und jugendlichen Darstellern:

Meine Armut ist so groß.
Ich konnte kein Geschenk erlangen.
Bring' der Mutter nur Krebse,
in diesen Sümpfen gefangen.
Meine Armut ist so groß,
daß ich nichts bringe, wider Willen.
Es sei denn die Milch, die ich habe,
um meinen Sohn zu stillen.
Meine Armut ist so groß,
drum hab' ich nicht mehr
als dieses Zeitungspapier.
Tu als wenn's eine Bettdecke wär.
Mit Buchstaben zugedeckt,
wird er mal ein gelehrter Herr.

In Argentinien fallen die Feste in der Weihnachtszeit sehr unterschiedlich aus. Nicht nur die Zuwanderer aus Europa, sondern auch die Indio-Bevölkerung und vor allem die Gauchos halten in den verschiedenen Provinzen ihre Wallfahrten zur Jungfrau mit dem Kinde ab, treffen sich auf Folklore- oder kulinarischen Festivals oder auf Feiern und Prozessionen zu den Patronatsfesten der verschiedenen Heiligen.

Das Nationale Fest der heiligen Lucia wird in dem nach der Heiligen genannten Ort in der Provinz Rioja mit einer Prozession begangen. Eine landwirtschaftliche Ausstellung findet nebenher statt. In der Provinz Santa Cruz huldigen die Bergarbeiter ihrer Schutzheiligen am Barbaratag. Am 22. Dezember feiert San Martin de los Andes in der Provinz Neuquén das Nationale Weihnachtsfest. Die Fenster der Geschäfte werden zu diesem Anlaß mit kunstvollen Ornamenten und Dekorationen geschmückt und werden prämiert.

Eine Weihnachtsparade und eine lebende Krippe gibt es am 24. Dezember in Ushuaia in der Provinz Tierra del Fuego. Die gesamte Provinz Rioja ist für ihre Krippenausstellungen ebenso berühmt wie Cerro Las Rosas in der Provinz Salta für die »Weihnachtsstadt« mit Krippendarstellungen, an denen 312 junge Leute beteiligt sind.

Weil der Weihnachtsmann, Sankt Nikolaus, in Argentinien erst zum Jahreswechsel die Geschenke bringt, häufen sich zu dieser Zeit die ihm zu Ehren in allen Provinzen veranstalteten Ausstellungen und bunten Umzüge, an denen vor allem die Kinder ihre Freude haben.

Nicht unerwähnt bleiben soll das kleine, einst von Deutschen gegründete Dorf Villa General Belgrano bei Córdoba, in dem im Dezember das »Fest der Alpenmilchschokolade« stattfindet und viele Naschkatzen und -kater anzieht.

Besonders beliebt ist in der Advents- und Weihnachtszeit folgendes Gebäck, das seinen Ursprung in Spanien hat:

266

Bolsas de Membrillo – Quittentaschen

Zutaten für etwa 36 Stück:
350 g Mehl, 1/2 TL Backpulver
1/2 TL Salz, 2 Eier, 150 g Butter oder Margarine
Zum Füllen:
300 g möglichst feste Quittenmarmelade
100 g gehackte Mandeln, 2 EL Rum
abgeriebene Schale 1 Zitrone unbehandelt
Außerdem:
Mehl zum Ausrollen, Fett für das Blech
1 Eigelb zum Bestreichen

Mehl mit Backpulver und Salz auf eine Arbeitsfläche sieben. In die Mitte eine Mulde eindrücken. Eier hineingeben, Butter oder Margarine in Flocken auf den Mehlrand geben. Alles mit einem Messer von außen nach innen durchhacken und mit den Händen schnell zu einem festen Teig verkneten.

Für die Füllung Marmelade mit Mandeln, Zitronenschale und Rum in einer Schüssel verrühren.

Den Teig auf einer bemehlten Fläche dünn ausrollen, Kreise im Durchmesser von 8 cm ausstechen. In jede Mitte etwas Füllung geben. Die Teigränder mit Wasser bestreichen. Die Kreise zu Taschen zusammenfalten und die Ränder mit einer Gabel festdrücken.Den Backofen auf 180 Grad vorheizen.

Das Blech einfetten. Die Taschen auflegen, mit Eigelb bestreichen und in Ofenmitte 15-20 Minuten backen.

Zum Schluß: Was hat die Weihnachtsinsel mit Weihnachten zu tun?

Wer eine Erklärung dafür sucht, warum die Weihnachtsinsel diesen Namen trägt, muß in der Geschichte zurückblättern. Der britische Weltumsegler James Cook (1728-1779) landete auf seiner dritten Entdeckungsreise in die Südsee und auf der Suche nach dem Erdteil Australien am 24. Dezember 1777 auf dem mit 575 Quadratkilometern größten Atoll des Pazifiks. Mit seiner Mannschaft feierte er dort, unter Palmen, das Weihnachtsfest auf englische Art und verlieh der Insel im Gedenken an den Tag und an das gelungene Fest den Namen »Christmas Island«.

Im vorweihnachtlichen Trubel, in der Hektik des heutigen Lebens, wünscht sich mit Sicherheit so manch einer gelegentlich eine »Weihnachtsinsel«, einen Ruhepunkt. Der muß ja nicht unbedingt in der Südsee liegen. Aber vielleicht doch unter Palmen ?!

Literaturverzeichnis

Werner Lenz: *Alle Jahre wieder. Weihnachten von A – Z.* Bertelsmann Lexikon-Verlag Reinhard Mohn, Gütersloh 1969
Ulrich Riemerschmidt: *Weihnachten. Kult und Brauch einst und jetzt.* Marion von Schröder Verlag, Hamburg 1962
Sybil Gräfin Schönfeld: *Das große Ravensburger Buch der Feste & Bräuche. Durch das Jahr und den Lebenslauf.* Otto Maier Verlag, Ravensburg 1980
Ingeborg Weber-Kellermann: *Das Weihnachtsfest. Eine Kultur- und Sozialgeschichte der Weihnachtszeit.* Verlag C J. Bucher, Luzern und Frankfurt/Main 1978

Danksagung

Unser herzlicher Dank für ihre hilfreiche Unterstützung gilt den Fremdenverkehrsämtern folgender Länder: die Länder Deutschlands, Finnland, Schweden, Island, Griechenland, Spanien,Portugal, Malta, Schweiz, Frankreich, Niederlande, Belgien, Großbritannien, Irland, Nord-Irland, Polen, Ungarn, Rumänien, Bulgarien, Australien, Neuseeland Barbados, Bahamas, Bolivien, Argentinien und Mexiko.
Ein besonderer Dank gilt Frau Nora Czapka vom Österreichischen Museum für Volkskunde in Wien, die uns über Weihnachtsbräuche ihres Landes unterrichtete.

Bildquellennachweis

Finnische Zentrale für Tourismus, Frankfurt S. 2 oben und links unten
Fremdenverkehrsverband Barbados, Frankfurt, S. 7 unten
Ketchern Public Relations, München, Photo: Kurt Sattelberger, S. 5
New Zealand Tourism Board, c/o ABC Frankfurt, S. 7 oben
Noble + Beinlich, Marketing und Kommunikation, Neu-Isenburg, S. 8
Schweden-Werbung für Reisen und Touristik, Hamburg S. 2 rechts unten, S. 3
Schweizerische Verkehrszentrale, Frankfurt, S. 6, Photo: SVZ/Ph. Giegel (6 unten)
Segmenta PR, Heide Schwarzweller, Hamburg, Photo: Schwartauer Werke, S. 4 rechts unten
Union Deutsche Lebensmittelwerke GmbH, Hamburg, Photo: Sanella, S. 4 oben und links unten
Verkehrsverein Augsburg S. 1

Rezeptverzeichnis

HÖSSliche Weihnacht

Heiße Satiren, Sprüche, Limericks
von Dieter Höss,
bekannt aus »Stern« und »ZEIT«

BASTEI
LÜBBE

Band 12592

Dieter Höss
Hössliche Weihnacht

Satiren, Sprüche, Limericks von Dieter Höss

Alle Jahre wieder geht es in deutschen Landen heiß
her, angefangen mit dem unheiligen Advent und der
verbissenen Geschenkejagd durch Einkaufsstraßen
und Kaufhäuser, vorbei an tausend falschen
Wattebärten bis hin zum Fest der Liebe, zur
gebratenen Gans, zum Weihnachtsgebäck und zum
Glühwein. Auch danach ist Weihnachten noch längst
nicht vorüber. Wem der Zimmerbrand erspart geblieben
ist, der tut Buße beim Geschenkaustausch, und der
Tannenbaum ist längst entsorgt, wenn die allerletzte
Nadel piekst…

BASTEI
LÜBBE